KB213793

재일한인의 해역인문학

# 재일한인의 해역인문학

이동, 생활, 네트워크

초판 1쇄 발행  2024년 9월 30일

지은이  최민경
펴낸이  권경옥
펴낸곳  해피북미디어
등록  2009년 9월 25일 제2017-000001호
주소  부산광역시 동래구 우장춘로68번길 22
전화  051-555-9684 | 팩스  051-507-7543
전자우편  bookskko@gmail.com

ISBN  978-89-98079-94-9 93910

＊이 책은 2017년 대한민국 교육부와 한국연구재단의 지원을 받아 수행된 연구임.
(NRF-2017S1A6A3A01079869)

부경대학교 해역인문학 기획도서 3

# 재일한인의

# 해역인문학

## 이동, 생활, 네트워크

최민경
지음

해피북미디어

　　국립부경대학교 인문사회과학연구소와 해양인문학연구소는 해양 수산 인재 양성과 연구 중심인 대학의 오랜 전통을 기반으로 연구 역량을 키워왔습니다. 대학이 위치한 부산이 가진 해양도시 인프라를 바탕으로 바다에 삶의 근거를 둔 해역민들의 삶과 그들이 엮어내는 사회의 역동성에 대한 연구를 꾸준히 해왔습니다.

　　오랫동안 인간은 육지를 근거지로 살아온 탓에 바다의 중요성에 대해 간과한 부분이 없지 않습니다. 육지를 중심으로 연근해에서 어업활동과 교역이 이루어지다가 원양을 가로질러 항해하게 되면서 바다는 비로소 연구의 대상이 되었습니다. 그래서 현재까지 바다에 대한 연구는 주로 조선, 해운, 항만과 같은 과학기술이나 해양산업 분야의 몫이었습니다. 하지만 수 세기 전부터 인간이 육지만큼이나 빈번히 바다를 건너 이동하게 되면서 바다는 육상의 실크로드처럼 지구적 규모의 '바닷길 네트워크'를 형성하게 되었습니다. 이 바닷길 네트워크인 해상실크로드를 따라 사람, 물자뿐만 아니라 사상, 종교, 정보, 동식물, 심지어 바이러스까지 교환

되기에 이르렀습니다.

　바다와 인간의 관계에 인문학적으로 접근하는 학문은 아직 완성 단계는 아니지만, 근대 이후 바다의 강력한 적이 바로 우리 인간인 지금이 '바다 인문학'을 수립해야 할 시점이라고 생각합니다. 바다 인문학은 '해양문화'를 탐구하는 차원을 포함하면서도 현실적인 인문학적 문제에서 출발해야 합니다.

　한반도 주변의 바다를 둘러싼 동북아 국제관계에서부터 국가, 사회, 개인 일산의 각 층위에서 심화되고 있는 갈등과 모순들이 우후죽순처럼 생겨나고 있습니다. 근대 이후 본격화된 바닷길 네트워크는 이질적 성격의 인간 집단과 문화의 접촉, 갈등, 교섭의 길이 되었고, 동양과 서양, 내셔널과 트랜스내셔널, 중앙과 지방의 대립 등이 해역(海域) 세계를 중심으로 발생하는 장이 되었기 때문입니다. 해역 내에서 각 집단이 자국의 이익을 위해 교류하면서 생성하는 사회문화의 양상과 변용을 해역의 역사라 할 수 있으며, 그 과정의 축적이 현재의 모습으로 축적되어 가고 있습니다.

　따라서 해역의 관점에서 동북아를 고찰한다는 것은 동북아 현상의 역사적 과정을 규명하고, 접촉과 교섭의 경험을 발굴, 분석하여 갈등의 해결 방식을 모색해, 향후 우리가 나아가야 할 방향을 제시해주는 방법이 우선되어야 할 것입니다. 물론 이것은 해양문화의 특징을 '개방성, 외향성, 교유성, 공존성' 등으로 보고 이를 인문학적 자산으로 확장하고자 하는 근본적인 과제를 수행하는 일이기도 합니다.

국립부경대학교 인문한국플러스사업단은 바다로 둘러싸인 육역(陸域)들의 느슨한 이음을 해역으로서 상정하고, 황해와 동해, 동중국해가 모여 태평양과 이어지는 지점을 중심으로 동북아해역의 역사적 형성 과정과 그 의의를 모색하는 '동북아해역과 인문네트워크의 역동성 연구'를 수행하고 있습니다. 이를 통해 우리는 첫째, 육역의 개별 국가 단위로 논의되어 온 세계를 해역이라는 관점에서 다르게 사유하고 구상할 수 있는 학문적 방법과 둘째, 동북아 현상의 역사적 맥락과 그 과정에서 축적된 경험을 발판으로 현재의 문제를 해결하고 향후의 방향성을 제시하는 실천적 논의를 도출하고자 합니다. 이를 바탕으로 본 사업단은 해역과 육역의 결절 지점이며 동시에 동북아 지역 갈등의 현장이기도 한 바다를 연구의 대상으로 삼아 현재의 갈등과 대립을 해소하는 방안을 강구하고, 한 걸음 더 나아가 바다와 인간의 관계를 새롭게 규정하는 '해역인문학'을 정립하기 위해 노력하고 있습니다.

　　국립부경대학교 인문한국플러스사업단이 추구하는 '해역인문학'은 새로운 학문을 창안하는 일이기 때문에 보이지 않는 길을 더듬어 가며 새로운 길을 만들고 있습니다. 이번에 간행하게 된 기획도서 또한 그러한 길을 만들어가는 작업의 하나입니다. 기획도서는 '해역인문학'의 탐구 대상이 되는 특정 주제에 관한 연구 성과를 엮어 낸 것입니다. 해역을 건너 살아가고 이어지는 디아스포라, 해역 공간에 나타나는 언어 문화 풍경 등 바다와 인간의 관계를 새롭게 바라보고 사유할 수 있는 주제들로, 특히 동북아라는 맥락을 더함으로써 우리네 삶의 역사적, 현재적 성찰도 가능케 합니다. 이들 기획도서가 향후 이어질 '해역인문학' 연구의 발전에 기여할 수 있는 노둣돌이 되기를 희망하면서 독자들의 많은 격려와 질정을 기대합니다.

국립부경대학교 인문한국플러스사업단 단장

김창경

# 목차

## 제1부   해역을 이동한 재일한인

## 제2부 재일한인의 생활 세계, 해역

# 재일한인 더하기 해역

## 문제 제기

일본에 거주하는 한반도 출신자, 재일한인(在日韓人, Korean Residents in Japan)[1]은 동북아의 굴곡진 근현대사를 오롯이 반영하는 존재들이다. 재일한인은 19세기 말부터 시작된 조선으로의 일본의 침략적 세력 확장과 병합, 강점이라는 역사적 배경 속 한반도에서 일본으로 이주한 사람과 그 자손들을 일컫는다. 오늘날 재일한인의 수를 정확하게 파악하는 것은 매우 어렵다. 재일본대한민국민단(在日本大韓民國民團)[2]이 발표하는 통계 자료에 따르면 2021년

---

[1]  이 책에서는 재일한인이라는 명칭을 사용하지만 동일한 대상을 가리키는 말로 '재일한국·조선인(在日韓國·朝鮮人)', '재일조선인(在日朝鮮人)', '재일한국인(在日韓國人)', '재일코리안(在日コリアン)', '재일(在日)' 등이 있다. 재일한인을 바라보는 시각 또는 맥락을 반영하여 선택적으로 사용된다고 할 수 있으며, 이와 같이 복수의 명칭이 존재한다는 사실 자체가 재일한인이 짊어진 복잡한 역사적, 사회적, 문화적 배경을 말해준다.

[2]  대한민국 정부가 공인하는 재일한인 단체이다. 성립 과정 등에 대해서는 제7장에서 구체적으로 설명한다.

재일한인의 수는 436,167명이었는데,[3] 여기에는 일본 국적을 취득한 사람들은 빠져 있는 한편, 1980년대 이후 도일(渡日)하여 정착한 한국인 중 영주권을 가진 사람들이 포함되어 있기 때문이다.[4] 다만 한 가지 명확한 사실은 저출산 고령화라는 인구 구조적 변화 속에서 재일한인의 수도 전반적으로 감소하고 있다는 것이다.

하지만 인구 규모의 축소에도 불구하고 재일한인은 여전히 우리에게 많은 문제와 생각할 거리를 던져주는 존재이다. 이는 국내의 재일한인 관련 연구가 주제와 관점, 방법의 다양화에 힘입어 지속적으로 축적되고 있다는 사실을 보아도 알 수 있다. 재일한인은 거시적으로는 동북아에서의 제국주의/식민지주의의 역사와 현재적 성찰을 가능케 하며, 미시적으로는 민족적 소수자(ethnic minority)의 사회 운동, 문화 전승, 정체성 문제 등을 고민토록 한다. 즉, 재일한인은 동북아의 역사를 짊어진 채 이동하고 삶을 이어간 대표적인 디아스포라(diaspora)로서 다양한 각도에서 연구의 대상이 되어왔다고 할 수 있다. 그리고 과거 상대적으로 단편적인 연구들이 이어진 것과 비교했을 때, 최근에는 미발굴 1차 자료, 구술 조사 등을 활용한 보다 입체적이고 종합적인 연구들이 눈에 띈다.

---

3   「在日同胞社会」, 在日本大韓民国民団 Webpage(https://www.mindan.org/syakai.php).

4   일본에서는 1980년대 이후 입국하여 (장기) 체류하는 외국인을 '뉴 커머(new comer)'라 하고 이와 구분하여 1945년 이전 도일한 후 계속해서 일본에 거주하는 한인과 화교(대만인) 및 그들의 후손은 '올드 커머(old comer)'라 한다. 이 책에서 고찰의 대상으로 삼는 재일한인은 '올드 커머'에 한정된다.

그런데 이들 연구를 꼼꼼히 살펴보면 한 가지 공통적인 경향이 있음을 알 수 있다. 그것은 바로 대부분의 연구가 재일한인의 일본 도착 '이후'를 분석 대상으로 한다는 사실이다. 물론 당시 한반도의 정치, 경제, 사회문화적 상황에 대한 개략적인 언급을 통해 이들이 떠날 수밖에 없었던(induced) 배경을 설명하기는 하지만, 본격적인 논의는 일본 땅에 발을 내디디고 나서부터인 경우가 많다. 바꾸어 말하자면 재일한인의 '이동성(mobility)'에 대하여 충분히 의식하지 않은 채 연구가 진행되어 온 것인데, 이들의 역사가 어디까지나 한반도에서 일본으로의 이동으로부터 시작되었다는 점을 고려한다면 매우 중요한 측면을 놓치고 있다고 말할 수 있다. 그렇다면 '이동성'을 의식한 재일한인 연구는 어떻게 하면 가능할까? 이 책에서는 이와 같은 질문에 대한 답을 해역(海域)에서 찾고자 한다.

　　해역은 "사람과 물품, 정보가 이동하고 교류하는 장으로서의 바다"를 말한다. 이는 "하나의 구분된 범위의 바다"를 지칭하는 자연지리적인 용법과는 다른 것으로 "바다를 중심으로 한 '지역'"이라고도 할 수 있으며, "'국가' 단위로 구분해 이해할 수 없는 개체로서의 바다 세계"라는 특징을 지닌다. 특히 해역은 "인간이 생활하는 공간으로서의 바다"를 의미하기 때문에 육지를 배제, 분리하는 것이 아니라 바다와 육지를 합친 역사 공간이라는 점이 중요하다.[5] 이 개념은 육지의 국민 국가를 중심으로 한 인문 사회 분야의 연구가 가지는 한계를 지적하고 "육상 국가와 국가의 '경계 지역'에 있고, 국가, 종교, 문화가 다른 다양한 사람들에게 이동과 생활을 위한 '공유의 장'이자 동시에 보다 넓은 범위, 원격지에 걸친 '만남'과 '교류'의 주요 무대"에 주목한다.[6] 즉, 해역은 바다와 관련된 인간 활동의 범위라고도 할 수 있으며, 근현대에 걸쳐서는 교통망의 발전을 배경으로 지식, 사람, 물건, 문화가 이동하며 중층적인 네트워크가 전개되었다는 특징을 지닌다. 그리고 재일한인은 근현대 동북아에서 바로 이 해역을 이동하고 그 속에서 다양한 차원의 인문네트워크를 형성한 대표적인 존재이다. 따라서 한반도에서 일본으로의 '바다를 건넌' 이동을 통해 재일한인이 탄생하였고 이들의 삶 또한 해역과 밀접하게 관련되어 있음에 주목할 때 '이동성'을 충분히 고려한 재일한인 연구가 가능할 것이다. 그리고 이와 같은 작업은 해역인문학적 시각에서의 새로운 재일한인 연구의 시도로 이어진다.

그렇다면 해역인문학적 시각에서 제시 가능한 재일한인 연구의 구체적인 문제 의식은 무엇일까? 이와 관련하여 이 책은 크게 세 가지의 측면에 주목하였다. 첫째, 재일한인의 물리적인 이동을 가능케 한 교통망이다. 일제강점기 한반도에서 일본으로의 한인

---

5   하네다 마사시, 조영헌·정순일 역, 『바다에서 본 역사: 개방, 경합, 공생-동아시아 700년의 문명 교류사』, 민음사, 2018, p.24.

6   家島彦一, 『海域から見た歴史』, 名古屋大学出版会, 2006, p.3.

의 이동은 종주국과 식민지 사이의 비대칭적인 힘의 구도를 바탕으로 다양한 층위의 배출 요인(push factor)과 흡인 요인(pull factor)이 작용하여 이루어졌음은 분명하다. 그러나 그 어떠한 형태의 도일이든 어디까지나 항로가 열리고 기선이 운항됐기 때문에 가능했었다는 사실에 '새삼스럽지만' 주목할 필요가 있으며 이에 대한 검토는 재일한인의 이동성을 이해하는 데 필수 불가결하다. 바꾸어 말하자면 재일한인의 이동에 어떠한 수단과 경로가 이용되었으며, 그 과정에서 어떠한 어려움에 직면하고 극복했는지 등 "이동의 구조와 경험"을 고찰할 필요가 있다는 것이다.[7] 그리고 이를 보다 입체적으로 고찰하기 위해서는 한인 도일의 공식적/비공식적 구조와 거시적/미시적 경험을 아울러 살펴봐야 하겠다.

다음은 재일한인의 생활 세계로서의 해역이다. 재일한인의 이동은 기본적으로 바닷길을 통해서 이뤄졌고 따라서 그 바닷길이 시작되고 끝나는 장소는 이들의 삶과 밀접한 관련을 지닌다. 구체적으로는 항구가 위치하는 해역 도시 속에 이들의 일상이 자리하는 공간이 형성되는 것인데, 물론 이러한 측면은 비단 재일한인만의 특징은 아니다. 해로(海路)를 통한 국제 이동이 일반적이었던 근대 시기, 해역에는 이주민들이 떠나고 정착하는 가운데 자연스레 생활 세계가 만들어졌다. 예를 들어, 대기근을 피해 대서양

---

7    최민경, 「재일한인 연구의 동향과 과제: 해역연구의 관점에서」, 『인문과학연구논총』 40(2), 2019, p.229.

을 건너온 아일랜드인 같은 경우, 엘리스섬(Ellis Island)[8]을 통해 미국에 들어와 인근의 뉴욕, 보스턴 인근에서 새로운 삶을 시작했으며, 오늘날까지도 이 지역에 모여 사는 경향이 강하다.[9] 이와 같은 맥락에서 재일한인의 출발지/도착지로서 기능했던 해역 도시에도 이들의 생활 세계가 자리하였으며, 그중에는 일반적으로 잘 알려진 곳도 있으나 추가로 사례를 발굴하고 보다 심층적인 논의를 축적해야 하는 대상도 있다.

이 책에서 마지막으로 주목하고자 하는 바는 재일한인이 만들어낸 다양한 차원의 인문네트워크이다. 재일한인의 이동은 해역을 가로지르는 지식, 물건, 문화의 네트워크를 형성하였으며, 추가적인 사람의 움직임을 전개하는 바탕이 되기도 했다. 그리고 어쩌면 당연한 사실이지만 재일한인의 인문네트워크는 모국 및 정주국 사회와 밀접한 관련이 있다. 재일한인의 인문네트워크는 모국 및 정주국의 거시적 변동에 영향을 받는 한편, 두 사회의 변화를 이끌어 내기도 한다. 특히 이와 같은 관계성은 제국 일본의 패망으로 한반도가 해방을 맞이한 이후 보다 역동적으로 나타난다. 따

---

8 1892년부터 1954년까지 미국에 입국하는 이주민들이 입국 심사를 받던 곳이다. 현재는 국립이민박물관(Ellis Island National Museum of Immigration)이 만들어져 있다.

9 미국 인구조사국(US Census Bureau)의 최신 커뮤니티 조사(American Community Survey)에 따르면 총 인구 중 아일랜드 출신자의 비중이 가장 높은 3개 주는 뉴햄프셔(New Hampshire), 매사추세츠(Massachusetts), 로드아일랜드(Rhode Island)로 모두 대서양에 접한 지역에 위치한다("States With the Most Americans of Irish Descent", *U.S.News & World Report*, 2024/03/15.

라서 동북아, 특히 한국과 일본의 현대사의 흐름 속에서 재일한인의 인문네트워크가 어떠한 특징적인 양상을 보이며 전개해 왔는지를 살펴보는 작업은 해역인문학적 시각에서의 재일한인 연구를 심화하는 데 필수 불가결하다.

## 이 책의 구성

이 책에서는 앞에서 제기한 세 가지 문제에 대하여 각각 〈[제1부] 해역을 이동한 재일한인〉, 〈[제2부] 재일한인의 생활 세계, 해역〉, 〈[제3부] 해역인문네트워크와 재일한인〉으로 나누어 고찰하였다.

〈[제1부] 해역을 이동한 재일한인〉에서는 근현대 시기 해역을 가로질러 진행되었던 재일한인의 물리적인 이동 양상을 재구성한다. 〈제1장 바닷길과 재일한인의 탄생〉에서는 한인 도일의 기반이 어떻게 형성, 전개되었는지를 분석한다. 구체적으로는 일제강점기 한반도에서 일본으로의 한인 이동 경로의 대부분이 시작된 부산에서의 출발과 기타 정기 항로가 운항 중이었던 제주, 여수에서의 출발로 나누어 검토한다. 〈제2장 '경험'으로서의 부관연락선〉에서는 이동이 단순히 정주를 위한 움직임이 아니라 그 자체로도 의미를 지니며, 이동하는 자로 하여금 정체성 문제와 직면하는 과정이라 자리매김한다. 그리고 이를 바탕으로 도일 과정의 미시적인 측면에 주목하여 재일한인이 이동을 어떻게 경험하였는지를 살펴본다. 〈제3장 또 하나의 이동, 밀항〉에서는 재일한인의 이동이 언제나 '공식적'으로 진행된 것은 아니며 국가에 의한 이동의 규제를 '비공식적' 또는 '불법'으로 극복하는 형태로도 이루어졌음에 주목한다. 특히 밀항이라는 '비공식적' 이동 과정이 재일한인 커뮤니티 차원에서 어떠한 의미를 지녔었는지를 아울러 분석하도록 한다.

〈[제2부] 재일한인의 생활 세계, 해역〉에서는 재일한인의 이동에 있어 중심이 되었던 부산, 그리고 부산과 대한해협을 끼고 마주하는 간몬 지역(關門地域)[10]에 초점을 맞춰 이들의 생활 세계의 특징을 살펴보고자 한다. 〈제4장 부산의 산동네와 재일한인〉은 근현대 부산의 도시 형성 과정과 그 속의 일상이 재일한인의 이동과 어떻게 교차했는지를 고찰한다. 특히 재일한인이 부산을 떠나(고 돌아오)는 과정은 이들로 하여금 부산을 살아가도록 하는 과정이기도 했다는 측면에 주목한다. 〈제5장 노동의 공간, 부두〉에서는 재일한인의 노동 양상의 다양성에 초점을 맞추기 위하여 부두 노동을 분석 대상으로 한다. 구체적으로는 기타규슈항(北九州港)이라는 해역 공간에서 재일한인이 부두 노동자로서 어떠한 모습을 보였는지 고찰하도록 한다. 〈제6장 '똥굴 동네'에서 '리틀 부산'

---

10　일본 혼슈(本州) 최서부 야마구치현(山口縣)의 시모노세키시(下關市)와 규슈 최북부 후쿠오카현(福岡縣) 기타규슈시(北九州市) 사이를 가로지르는 간몬해협(關門海峽)을 중심으로 한 주변 지역 일대를 말한다. 시모노세키시의 '세키(關)'과 기타규슈시 모지구(門司區)(과거 모지시(門司市))의 '모(門)'을 한 자씩 따서 이름이 붙여졌다.

으로〉에서는 시모노세키(下關)의 에스닉 타운(ethnic town) 형성과 전개의 역사를 검토한다. 특히 일제강점기 '똥굴 동네(トンクル・トンネ, 糞窟村)'라는 별칭이 붙었던 지역이 '리틀 부산(リトル釜山)'으로 거듭나는 과정을 해역 교통망의 변화와 관련지어 고찰한다.

〈[제3부] 해역인문네트워크와 재일한인〉에서는 냉전, 경제 개발, 글로벌리즘이라는 모국과 정주국, 나아가 동북아의 거시적인 변동 아래 재일한인의 인문네트워크가 전개해 온 양상을 고찰한다. 〈제7장 바다를 건넌 재일학도의용군〉에서는 한국전쟁 당시 인천상륙작전을 전후하여 남한의 의용군으로 참전했던 재일학도의용군의 이동과 잔류 과정을 살펴본다. 특히 이 과정에서 냉전 패러다임이 어떻게 작용했는지에 주목하고자 한다. 〈제8장 고향의 '개발'과 감귤 네트워크〉는 대한민국 경제 개발 과정과 재일한인이 어떻게 교차하였는지를 제주의 사례를 통해 분석한다. 구체적으로는 제주의 감귤 산업 발전에 있어 재일한인의 기여에 대하여 검토하겠다. 〈제9장 코리아타운의 전개와 해역〉에서는 글로벌리즘의 진행과 함께 해역 도시 속 코리아타운의 전통이 변화하는 모습을 분석한다. 그중에서도 전통의 변화가 모국과의 새로운 네트워크, 한류를 통해 진행되고 있음에 초점을 맞춘다.

그리고 마지막으로 종장에서는 [제1부]부터 [제3부]에 걸친 논의를 정리하고 디아스포라 연구와 해역인문학의 교차가 지니는 의미를 살펴봄으로써 향후의 국제 비교 연구 또는 이론화 작업에 대한 의의를 모색하도록 한다.

제1부

해역을 이동한 재일한인

# 제1장

# 바닷길과 재일한인의 탄생

## 한인 도일의 배경과 전개 과정

한인(韓人)의 해외 이주는 구한말 정치, 경제, 사회의 혼란 속 시작되었다. 비공식적으로 중국과 러시아에 정착한 경우를 제외하고 최초의 공식적인 출이민(出移民, emigrants)으로 기록된 사람들은 1902년 인천 제물포항을 떠나 하와이 사탕수수 농장에 터를 잡은 노동자들이었다. 다만 이들이 오늘날에 이르는 한인 이주사의 시작을 알리는 존재임은 분명하나 그 수는 결코 많지 않았다.[1] 한인의 해외 이주가 본격적으로 진행된 것은 이보다 조금 더 시간이 지나 일제강점기에 들어서였다. 1904년과 1905년 제1차 한일협약과 제2차 한일협약(을사늑약)을 통해 재정권, 외교권을 일본

---

1   1902년 최초의 이민선 현해환(玄海丸)이 인천항을 출발하여 하와이로 향했다. 현해환을 타고 일본 나가사키(長崎)에 도착한 한인들은 S.S.갈릭(Galic)호로 갈아타고 이듬해 하와이에 도착하는데, 최종적으로 도착한 이민자의 수는 102명이었다. 1905년 일본이 한인의 하와이 이민을 금지할 때까지 약 7천 명이 이주를 하였다.

에 빼앗기면서 반식민지로 전락한 조선은 무방비 상태에서 수탈의 대상이 되었다. 특히 토지의 수탈이 가장 발 빠르게 이루어져, 1908년 국책 회사인 동양척식주식회사(東洋拓殖株式會社)가 설립되었다. 한일 병합 이후에는 토지 수탈의 강도가 더욱 거세졌는데, 그중에서도 1910년부터 1918년까지 시행된 토지조사사업은 많은 이농자(離農者)를 발생시켰다. 이농자들은 생계를 위해 도시로 향했으나, 당시 조선의 산업 구조는 이들을 받아들일 수 있을 만큼 근대화된 상태가 아니었다. 그리고 그 결과 이농자들은 국경을 넘게 된다.

이러한 배경 속에서 그 규모가 크게 증가한 한인의 해외 이주는 만주와 일본을 주요 목적지로 하였는데, 두 지역은 초기의 유입 양상에 있어 차이를 보였다. 만주의 경우, 정치적 동기, 즉 넓은 의미에서의 민족 운동과 연동하는 형태로 가족 단위의 농업 이민이 주로 유입한 반면, 일본은 개별 노동자의 유입이 중심을 이루었다.[2] 이와 같은 차이는 일본으로 이주한 한인은 만주에 형성되었던 것과 같은 항일 의식에 기댄 수용 기반을 기대할 수 없었으며, 매우 유동적이고 취약한 형태로 대한해협을 건너야 했음을 의미한다. 그럼에도 불구하고 더 이상 농민으로 살아갈 수 없게 된 한인들은 도일(渡日)을 선택했다. 특히 1920년 시작된 산미증식계획은 농민들의 삶을 더욱 힘들게 만들었고, 그 결과 노동자가 되

---

2    신주백, 「한인의 만주 이주 양상과 동북아시아: '농업이민'의 성격 전환을 중심으로」, 『역사학보』 213, 2012, p.242.

어 일본으로 건너가는 한인이 급증한다. 한일 병합 이듬해인 1911
년 2,527명에 그쳤던 재일한인의 수는 토지조사사업이 끝난 1918
년에는 22,262명으로 10배 가까이 증가했다.

한편 유동적이고 취약한 형태임에도 불구하고 한인의 도일이
계속해서 일정 규모 이상으로 진행된 또 하나의 배경은 일본 측의
흡인 요인(pull factor)이다. 일본은 19세기 말 근대 국가로의 이행
을 발판 삼아 산업화에 박차를 가했으며, 그 과정에서 많은 근대
적 노동자가 필요한 상황이었다. 특히 제1차 세계대전은 일본으로
하여금 국제적인 영향력을 높이고, 전쟁 특수를 발판 삼아 경제적
으로도 크게 성장하는 계기가 됨으로써, 노동력의 수요를 증가시
켰다. 그리고 이른바 3D 산업의 경우, 노동력의 공급이 수요에 미
치지 못하는 상황이 지속됨으로써 일손 부족 현상이 나타났으며,
이와 같은 상황이 바다 건너 한인의 이동을 가속화했다. 1910년대
에는 저렴한 노동력을 확보하기 위해 일본 기업이 중개업자를 통
해 한반도에서 직접 노동자의 '모집'을 진행하였는데, 다음은 이와
관련하여 1917년 『부산일보(釜山日報)』에 실린 기사의 내용이다.

내지(內地) 각 공장에서 선인(鮮人)[조선인]3 노동자 모집을 위해 사원
들이 조선에 와서 총감부(總監部) 또는 각 도의 경무부(警務部)에 모집
허가를 하고 있다. 올해 1월부터 6월까지 총 허가 건수는 21건이며 그렇

---

3    이 책에서는 인용문 중 독자의 이해를 돕기위해 필자가 추가한 설명은 [ ]로 표
     기하였다.

게 모집한 인원은 남공(男工) 4,220명, 여공(女工) 2,370명으로 합하여 6,590명에 이른다 (중략) 노동 종류는 목재 벌채, 숯 제조, 운반 잡역(雜役), 석탄 갱부, 방적, 면사, 제사(製絲), 부두 노동, 유리 제조, 철도 하역, 철도 공부(工夫), 수력 전기 등이다. (후략)[4]

한인의 도일에 소요되는 비용의 일부를 일시적으로 일본 정부가 보조했다는 사실로 비추어 보았을 때, 이와 같은 움직임은 단순히 개별 기업의 범위를 넘어 일본 산업계 전체의 노동력 확보라는 성격을 지닌 것이었다고 할 수 있다.[5]

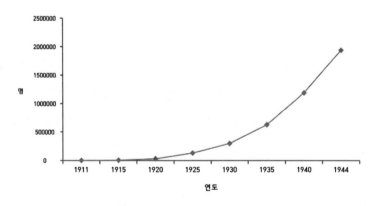

〈그림 1-1〉 일제강점기 재일한인 수 변화[6]

4  「鮮人労働者募集成績」,『釜山日報』, 1917/07/07.

5  金贊汀,『在日コリアン百年史』, 三五館, 1997, p.31.

6  「在日同胞社会」, 在日本大韓民国民団 Webpage(https://www.mindan.org/syakai. php).

1920년대가 되면 경기 침체로 인해 일본 측의 유인 요인이 지니는 힘은 약해지나 토지조사사업, 산미증식계획 등을 통한 한반도 농촌의 수탈 상황은 악화 일로를 달림으로써 배출 요인(push factor), 바꾸어 말하자면 한반도에서 한인을 밀어내는 요인은 더욱 강하게 작용하게 된다. 일본 기업에 의한 '모집'이 끊기고 도항 규제가 자주 변화하는 불안정한 상황 속에서도 한인들은 생계를 위해 일본으로 향했는데, 이 과정에서 이미 형성되어 있던 친족, 지인 네트워크는 사회적 자본(social capital)[7]으로 활용되었다. 취업을 할 곳이 정해져 있지는 않더라도 당장 며칠 동안이라도 기거할 수 있는 친족이나 지인의 존재는 한인들이 이동을 시작하는 데 충분한 자원으로 기능한 것이다. 그 결과 〈그림 1-1〉과 같이 재일한인 수는 기하급수적으로 늘어나 1920년 30,189명, 1925년 129,870명, 1930년 298,091명을 기록하고, 국가총동원법이 시행되기 직전인 1937년에는 735,689명에 이른다. 그리고 국가총동원법 시행 후의 한인의 도일 규모는 비정상적으로 늘어 결과적으로 1945년 8월 15일 해방을 맞이하였을 때 재일한인의 인구는 약 200만 명에 달했을 것으로 추정된다.

---

7 인적, 물적 자본에 이은 제3의 자본으로 불린다. 구성원 간의 관계를 기반으로 형성되는 자원으로, 공유된 규범, 네트워크, 제도, 자산 등을 포함하며 커뮤니티 내의 협력과 거래를 촉진한다.

## 해역 교통망에 대한 이해

이처럼 일제강점기 한인의 도일은 식민지와 피식민지 사이의 비대칭적인 힘의 구도 속에서 일어난 것이었다. 그런데 여기서한 가지 간과해서는 안 되는 사실은 실제 이들의 이동을 가능케한 해역(海域)을 가로지르던 물리적 기반의 중요성이다. 아무리 배출 요인과 흡인 요인이 강력하게 작용한다 해도 이주민을 실어 나를 수 있는 교통망이 뒷받침되지 않으면 대규모의 이동은 발생하기 어려우며, 특히 바닷길을 이용하는 이동의 경우 더욱 그러하다. 즉, 일제강점기 대한해협을 건너 이루어진 한반도에서 일본으로의한인의 이동은 철도 부설과 항로 개설로 대표되는 해역 교통망의 발달에 의해 가능했던 것이다. 1876년 개항 직후부터 청(淸)과 일본은 한반도를 둘러싼 해운권을 놓고 각축을 벌였다. 특히 개항장간 무역에 있어 주도권을 잡기 위해 인천, 상하이(上海), 나가사키등 주요 개항장을 잇는 항로 확대에 힘을 많이 쏟았다.[8] 그러나 청일전쟁 이후 일본의 우세가 눈에 띄기 시작하며, 러일전쟁의 승리를 계기로 일본이 독점하는 형태의 세력 구도가 정리되어 버린다.

그리고 식민 통치 준비 기구로서의 성격을 지니는 통감부(統

---

8   당시의 상황에 대한 구체적인 설명은 다음 연구를 참고할 수 있다. 나애자, 「제4장 외국해운업 침투의 심화」, 『韓國近代海運業史硏究』, 국학자료원, 1998, pp.115-147.

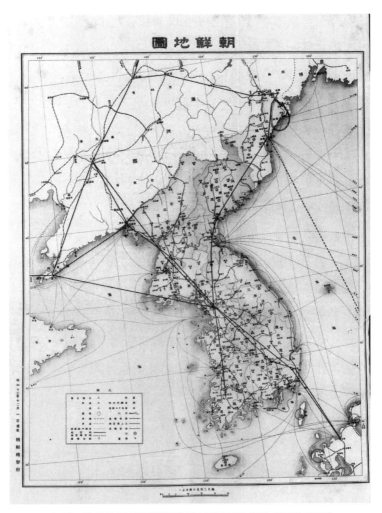

〈그림 1-2〉「조선지도(朝鮮地圖)」에 나타난 조선, 일본, 만주의 교통망
출처:『朝鮮總督府施政年報』(1939) (한국해양수산아카이브 제공)

監府)의 설치를 전후해서는 한반도의 바닷길, 그리고 그 바닷길과 연결되는 철도의 정비가 급속도로 추진된다. 바꾸어 표현하자면 일본이 제국으로서 거듭나는 과정은 교통망의 정비와 궤를 같이 했다고도 말할 수 있는 것이다(〈그림 1-2〉). 1900년대 중후반, 개항장 간 해운은 일본우선주식회사(日本郵船株式會社)[9]와 오사카상선주식회사(大阪商船株式會社)[10]가 독점하였고, 경부선과 경의선이 발빠르게 개통하면서 일본 본토와 식민지, 식민지와 식민지 사이, 그리고 식민지 내부의 각 지역이 촘촘하게 이어져 나갔는데, 이는 사람과 화물의 대량 수송에 있어 반드시 필요했던 부분으로 제국 통치에 필수 불가결한 것이었다. 1910년 한일 병합 이후에는 조선총독부가 세운 조선우선주식회사(朝鮮郵船株式會社)가 명령 항로와 자유 항로 모두를 통해 연안 항로를 독점하는 한편, 일본 항로, 중국 항로에 차례로 진출하였으며,[11] 그 밖에도 복수의 일본 해운 회사에 의한 기선 운항이 이루어졌고 이와 더불어 한반도의 철도망 또한 계속해서 확충되어 갔다.

그리고 한인의 도일 역시 19세기에서 20세기로 넘어가는 시기

---

9   1885년 설립된 일본 최대의 해운 회사로 오늘날 일본우선(日本郵船)의 전신이다.

10  1884년부터 1964년까지 존재했던 일본의 해운 회사이다. 1964년 미쓰이선박주식회사(三井船舶株式會社)와 합병하여 현재의 주식회사상선미쓰이(株式會社商船三井)가 되었다.

11  조선우선주식회사의 설립, 전개(항로 운항 현황 등)에 대해서는 다음 연구를 참고할 수 있다. 조선우선주식회사, 하지영·최민경 역, 『조선우선주식회사 25년사』, 소명출판, 2023.

에 해역에서 활발하게 진행된 교통망의 전개를 물리적 기반으로 삼은 것이었다. 그러나 서장에서 지적한 것처럼 재일한인 연구 중 해역 교통망, 나아가 이동성에 주목한 연구는 많지 않다. 이는 이민 연구 전반에 걸친 경향이기도 한데, 근대 일본인의 이민사를 이민선(移民船)에 주목하여 새롭게 고찰한 네가와 사치오(根川幸男)는 최근 '월경(越境)', '트랜스내셔널(transnational)' 개념을 이용한 다양한 연구들이 이뤄지고 있고, 그에 대한 비판도 있지만 무엇보다 근본적인 한계는 연구 대상이 육지에 한정되어 있으며 "바다를 건너는 행위 및 과정과 그 의미, 즉 '항로 체험'에 대한 관심이 없다는 점"이라고 비판한다.[12] 태평양을 이동한 일본인 이민과 비교했을 때[13] 대한해협을 건넌 한인의 경우 항해에 소요되는 시간이 적었기 때문에 "항로 체험"을 깊이 있게 고찰하는 것은 현실적으로 어려울지 모른다. 그러나 오늘날의 재일한인의 탄생을 가능케 한 물리적 기반, 즉, 해역 교통망에 주목함으로써 육지가 아닌 바다로부터 이들의 역사와 현재를 일정 부분 새로운 시각에서 살펴볼 수 있을 것이다.

한편 해역 교통망의 전개와 교차하여 근대 시기 한인의 도일 현상을 살펴보는 데 있어 이들이 어디에서 출발하였는지는 중요

---

**12** 根川幸男, 『移民船から世界をみる: 航路体験をめぐる日本近代史』, 法政大学出版局, 2023, p.iv-ⅴ.

**13** 근대 시기 일본인 이민의 주요 목적지는 미주 대륙이었다. 그 결과 오늘날에도 가장 큰 일계인(日系人), 즉 일본인 이민과 그 후손의 커뮤니티는 브라질과 미국에 존재한다.

한 논점 중 하나이다. 기존의 디아스포라(diaspora) 연구는 "이산이 어디에서 시작되었는지의 문제에 대해서 침묵한" 경우가 많다.[14] 이에 대하여 영국의 사회학자 알렉산더(C. Alexander)는 기존 연구의 방향성이 남북 격차 문제(Global North and Global South, North-South divide)와도 연관된다고 주장하며, 지구의 북반구와 서반구에 있는 이동하는 자가 도착하는 '부유한' 도시에만 주목한다고 비판한다. 바꾸어 말하자면 이동이 시작되는 곳에 대해서는 관심을 보이지 않는다는 것인데, 이는 디아스포라가 출발한 곳에서 어떠한 상황이었는지, 이동성과 비이동성은 어떻게 연결되는지 등의 질문에 답하지 못한다는 점에서 한계를 지닌다.[15]

물론 이와 같은 시점은 재일한인에 대한 이해에 있어서도 적용된다. 재일한인이 바다를 건너 '도착'한 일본에서 민족적 소수자(ethnic minority)로서 어떠한 발자취를 걸어왔는지를 고찰하는 작업과 함께 이들이 '출발'한 곳에서 왜, 어떻게 이동하게 되었는지를 세심하게 검토할 필요가 있는 것이다. 이들의 이동이 어디에서 시작되었는지를 살펴보는 작업은 재일한인사를 보다 종합적으로 분석하는 시도 중 하나이기 때문이다. 그리고 이와 관련하여 주목할 '이동이 시작되는 곳'은 부산, 제주, 여수이다. 1934년 조선총독부 경보국(警保局)이 발행한 『고등경찰보(高等警察報)』에 따르면 1933

---

14   Alexander, Claire, "Beyond the 'The "Diaspora" Diaspora': A Response to Rogers Brubaker", *Ethnic and Racial Studies* 40(9), 2017, p.1548.

15   Ibid., pp. 1547-1549.

년 8월 도일한 조선인이 이용한 항구의 76.2%가 부산이었고 제주 (12%), 여수(8.9%)가 그 뒤를 이었다.[16] 즉, 부산, 제주, 여수 이외의 지역에서 도일이 일어난 것은 거의 예외적인 경우였음을 알 수 있으며, 뒤에서 살펴보겠지만 이들 세 개의 해역 도시가 일제강점기 한일 간 해역 교통망의 거점으로서 한일 도일의 중심으로 기능하였음을 말해준다.


## 부산에서의 출발

1876년 조일수호조규(朝日修好條規), 이른바 강화도 조약 체결을 통해 인천, 원산과 함께 개항한 부산은 바로 이듬해인 1877년 1월 부산항조계조약(釜山港租界條約)이 체결되면서 한반도에서 가장 먼저 조계가 설치된다. 지리적인 특성에도 힘입어 조계 설치 직후부터 부산에는 많은 일본인들이 유입하였는데, 김대래가 복수의 자료를 정리하여 재구성한 바에 따르면 1876년부터 1910년까지의 기간 동안 4개 연도를 제외하고 부산 거주 일본인의 수는 계속해서 증가하였다. 특히 초기의 증가폭이 매우 크며, 여기에는 일본 정부에 의한 한반도로의 도항과 무역의 장려, 선동이 영향을

---

16  도노무라 마사루, 신유원 · 김인덕 역, 『재일조선인 사회의 역사학적 연구』, 논형, 2010, pp.65-66.

미쳤다.[17] 그리고 이와 같은 장려와 선동을 현실화하여 실제 일본인들의 한반도 이주를 가능케 했던 것은 바로 항로의 개설이다. 1877년 부산은 나가사키와 쓰시마(對馬)를 잇는 항로의 기점이 되었으며 이미 이 시점에서 부산 나아가 한반도와 일본을 잇는 바닷길의 존재가 두 지역 간 인구 이동의 기반이 되기 시작한 것이다.

다양한 계층의 일본인 인구의 증가와 더불어 부산은 그들의 도시가 되어 갔다. 한일 병합 전 부산에서는 "일본 사회를 그대로 옮겨놓은 듯한 일본인 도시의 건설"이 진행되었고,[18] 그렇게 일본인의 도시를 만들어 가는 데 있어 가장 중요한 부분을 차지했던 것이 교통망의 정비였다. 일본은 부산에서의 '성공'을 바탕으로 한반도 내륙으로의 진출에 박차를 가했는데, 일본과의 연결이 편한 해역 도시를 중심으로 한반도의 도시 구조 자체를 바꿔나갔으며, 내륙의 거점은 해역 도시를 종착역으로 하는 철도와 연결하였다.[19] 해역 도시에 도착한 철도는 선박과 연락하여 일본과 한반도를 잇는 구조였으며, 부산은 1905년 개통한 경부선의 종착역이자 부산항을 통해 일본으로 건너갈 수 있는 기점이었다는 측면에서 제국 일본의 교통망 구상 전체를 놓고 보았을 때도 존재감이 컸다.

경부선 부산역은 바다와 매우 가까운 곳에 위치하는 형태로

---

17  김대래, 「移住와 支配: 개항이후 부산거주 일본인에 관한 연구(1876-1910)」, 『경제연구』 27(1), 2009, pp.146-147.

18  위의 글, p.165.

19  김종헌, 「20세기 초 철도부설에 따른 우리나라 도시 구조의 변화에 관한 연구」, 『한국철도학회논문집』 9(4), 2006, p.382.

만들어졌는데, 이와 같은 사실 자체가 일본이 철도와 항로의 연결
을 얼마나 중요시했는지를 말해준다. 따라서 경부선의 부설과 거
의 동시에 부산과 일본을 잇는 바닷길의 정비도 진행되었으며, 이
를 주도한 것은 산요철도주식회사(山陽鐵道株式會社)였다. 산요철
도주식회사는 1888년 설립되어 서일본(西日本) 지역[20]의 대동맥 격
인 산요본선(山陽本線)[21]을 운영하던 철도 회사로, 산요본선의 종
착역인 시모노세키와 부산을 연락하는 연락선의 취항을 계획하였
다. 산요철도주식회사는 이미 일본 국내에서 철도 연락선[22]을 운
항한 경험이 있었는데, 일본 본토를 구성하는 주요 섬을 연결하는
형태였으며, 혼슈의 시모노세키와 규슈의 모지 사이의 간몬해협
(關門海峽)을 연결하는 간몬연락선(關門連絡船)[23]이 대표적이었다.
그리고 이와 같은 경험을 바탕으로 1905년 자회사인 산요기선상
사(山陽汽船商社)가 경부선과 산요본선을 잇는 바닷길에 기선 운항

---

20  일본을 지리적으로 양분하였을 때 서쪽 지역을 가리킨다. 일반적으로 나고야
    (名古屋)가 기준되는 경우가 많다.

21  효고현(兵庫縣)의 고베역(神戶驛)과 야마구치현(山口縣) 시모노세키역(下關
    驛)을 잇는 철도 노선이다. 엄밀히 말하면 시모노세키역에서 후쿠오카현(福岡
    縣)의 모지역(門司驛)까지도 이어지지만 이 구간은 산요철도주식회사의 소관
    이 아니다.

22  바다, 호수 등으로 인해 철도를 이어서 부설하기 어려운 경우, 양 끝단을 연락
    하는 목적으로 운항하는 선박을 말한다. 따라서 철도 운행 시각과의 연계가 중
    요하다.

23  1901년부터 1964년까지 운항되었다. 간몬철도터널(關門鐵道トンネル) 개통과
    함께 운항이 중단되었다.

을 시작하며 그것이 바로 부관연락선(釜關連絡線)이다.[24]

　부관연락선에 대해서는 제2장에서 자세히 살펴보고 있으므로 여기에서는 생략하고 20세기 초반과 중반에 걸쳐 한반도와 일본 사이의 인구 이동에 있어 차지했던 위치, 특히 재일한인의 도일과 관련지어 논하도록 한다. 우선 부관연락선의 여객 수의 추이를 개괄하면 〈그림1-3〉과 같다.

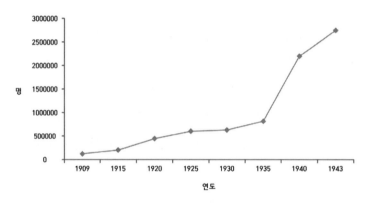

〈그림 1-3〉 부관연락선 여객 추이[25]

〈그림 1-3〉에서 운항 시작 직후와 패전 직전의 정확한 수치는

---

**24** 1906년 산요철도주식회사가 국유화되면서 산요기선이 운항하던 항로도 이관되었다.

**25** 다음 자료로부터 재구성하였다. 日本国有鉄道広島鉄道管理局, 『関釜連絡船史』, 日本国有鉄道広島鉄道管理局, 1979, pp.25-43.

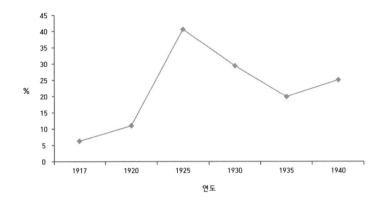

〈그림 1-4〉 부관연락선 여객 중 한인 비중[26]

알 수 없지만 부관연락선이 대한해협을 오고 가며 얼마나 많은 사람들을 실어 날랐는지 엿보기에는 충분할 것이다. 그리고 부관연락선의 기점으로서 제국의 교통망에 있어 중요한 위치에 자리매김했던 부산은 그러한 바닷길을 토대로 근대 동북아해역에서 한반도와 일본 사이의 인구 이동의 중심을 차지하였고, 부관연락선의 지위는 독점적이었다.

　다음으로 부관연락선 여객의 민족적 구성은 〈그림 1-4〉를 통해 알 수 있다. 당연한 사실이지만 부관연락선을 타고 이동을 한 사람들은 대부분 한인과 일본인이었고, 그 비중은 시기에 따라 약

---

26　다음 자료로부터 재구성하였다. 홍연진, 「부관연락선의 시말과 부산부 일본인 인구변동」, 『한일민족문제연구』 11, 2006, pp.141-175.

간의 변화를 보인다. 〈그림 1-4〉는 부관연락선의 수송 여객 중 한인의 비중을 나타낸 것으로 여기에서 알 수 있는 사실은 운항 초기 대부분의 승객이 일본인이었으며 1920년대 이후 한인의 이용 비중이 늘어났다는 것이다. 한인의 일본 이주는 일본인의 한반도 이주보다 조금 늦게 시작되었기 때문에 부관연락선 승객 중 한인의 비중은 1917년 6.3%, 1920년에는 11%에 불과했다. 그런데 1925년이 되면 갑자기 40%대로 급증하는데 그 이유는 앞에서도 설명하였듯이 일본 식민지 정책에 의해 농촌에서 유리, 노동자가 된 한인들이 일자리를 찾아 일본으로 건너가는 경우가 크게 늘어났기 때문이었다.

다만 이와 같은 한인 노동자의 일본 이주는 1929년 세계대공황을 시작으로 일본의 불황이 심해지면서 규모가 줄어들었기 때문에 부관연락선 여객 중 한인의 비중도 감소하기 시작한다. 그리고 이후 한인의 일본 이주는 강제적인 이동으로 변화한다. 1937년 중일전쟁 발발 이후 일본인 남성 노동자의 징집과 군수 물자 증산으로 인해 노동력 부족이 심각해진 일본은 1938년 5월 국가총동원법을 한반도에서부터 실시하면서 한인 노동자를 동원하게 된다. 강제 동원된 한인은 이전 시기와 마찬가지로 대부분의 경우 부관연락선을 타고 대한해협을 건넜으므로 1935년대 후반 부관연락선 승객 중 한인의 비중은 이전 시기와 비교했을 때 약간 증가하게 된다. 다만 이 시기 대부분이 대륙으로 향하는 군인이었던 일본인 승객 또한 크게 늘어났기 때문에 증가폭 자체는 미미하였다.

## 기타 지역에서의 출발: 제주, 여수

앞 절에서 살펴본 것처럼 재일한인을 탄생시킨 대표적인 바닷길은 부산에서 출발하는 것이었다. 하지만 그 밖에도 상대적으로 소규모이기는 하나 이들의 이동이 이뤄진 지역이 있다. 바로 제주와 여수이다. 그중에서도 제주는 일제강점기 초반부터 일본으로의 이주가 시작되었다. 일본에 의한 식민 지배의 시작은 한국과 일본 사이의 바다가 제국 일본의 세력 아래 "하나의 바다"가 됨을 의미했고, 이는 제주 해녀들이 이동하는 배경이 되었다.[27] 전통적으로 제주 해녀의 물질은 당연히 제주도 인근 바다에서 이뤄졌으나, 19세기 말 시작된 일본인 출어(出漁)로 인해 어장이 급격하게 황폐해진다. 하지만 해녀가 물질을 통해 얻는 소득은 제주에 있어 거의 유일한 상품 경제의 기반이었고 일제강점기 전반에 걸쳐 이들이 채취하는 해산물의 상품성은 계속해서 높아지면서 제주 밖으로의 출가(出稼) 물질이 증가한다.[28] 당초 출가 물질은 한반도 남부 지방을 중심으로 이뤄졌으나 점차 일본으로 확대된다.

그리고 제주 해녀의 일본으로의 출가 물질을 가능케 해줬던

---

27  안미정, 「식민지시대 한·일해역의 자원과 해녀의 이동」, 『한국민족문화』 58, 2016, pp.485-489.

28  '출가'란 일정 기간 타지에 가서 돈벌이를 하는 것을 말한다. 제주 해녀의 출가 물질에 관해서는 다음 연구도 참고할 수 있다. 강경희, 「일제강점기 일본어 신문을 통해 본 제주해녀들의 활동과 삶에 대한 연구」, 『탐라문화』 74, 2023, pp.497-501.

것이 바로 해역 교통망의 확충이었다. 초기에는 소형 선박에 의존하여 이동하였으나 부관연락선을 시작으로 한일 해역을 가로지르는 대형 기선이 운항을 시작하면서 이동은 더욱 용이해졌다.[29] 특히 1923년 제주와 오사카를 잇는 직항 항로의 개통은 매우 큰 변화를 가져왔다. 가장 먼저 이 항로 운항에 뛰어든 것은 아마가사키기선부(尼崎汽船部)[30]로, 아마가사키기선부가 운항했던 기미가요마루(君が代丸)[31]는 일제강점기 제주와 일본을 이은 선박의 대명사로 여겨진다. 1924년에는 조선총독부가 설립한 국책 회사인 조선우선주식회사에서도 제주-오사카 간 기선(게이죠마루(京城丸)) 운항을 시작한다. 쓰시마 등 몇몇 지역의 경우 부관연락선을 이용하는 것이 편리했으나 대부분의 출가 물질을 하던 제주 해녀는 제주-오사카 항로를 이용했는데, 이는 오사카가 일본 내에서도 교통의 요충지로 다양한 지역으로의 추가 이동이 용이했기 때문이다.[32] 결과적으로 1930년대가 되면 일본에 출가 물질하던 제주 해녀의 수는 3,000여 명에 이르게 된다.

그런데 이렇게 확충된 제주발 일본행 기선에는 해녀들만 타

---

29  노우정, 「일제강점기 제주인의 이주노동과 제주사회의 변동: 제주와 오사카 간 해상항로의 영향을 중심으로」, 『탐라문화』 71, 2022, p.83.

30  1880년 설립된 해운 회사로 오사카를 중심으로 사업을 진행하였으며, 1942년 도사상선(土佐商船) 등과 통합하여 간사이기선(關西汽船)으로 바뀐다.

31  기미가요마루는 제1기미가요마루와 제2기미가요마루으로 나뉜다. 제1기미가요마루가 1925년 태풍으로 인해 제주 인근에서 좌초하자 아마가사키기선부는 제2기미가요마루을 투입하여 20년간 운항하였다.

32  노우정, 앞의 글, p.84.

고 있었던 것은 아니다. 해녀보다 훨씬 많은 수의 노동자들이 타고 있었다. 제주-오사카 사이의 해역 교통망의 확충은 기선 운임을 저렴하게 만들었고 그만큼 더 많은 제주 사람들이 손쉽게 일본으로 돈을 벌러 떠날 수 있게 된 것이다. 당시 제주는 한반도의 다른 어떤 지역보다 근대적인 산업 기반이 약했고 자연 환경도 척박하여 경제적으로 매우 어려운 상태였다. 물질을 할 수 있는 해녀는 그나마 소득을 확보할 수 있는 수단이 있었으나, 대부분의 경우 소규모의 밭을 일구며 살아갈 수밖에 없었다. 수탈의 대상이었던 쌀을 재배하는 것이 힘든 제주도의 자연 지리적 특성상 조선총독부의 농업 정책에서도 소외되기 십상이었으며, 그 결과 제주 사람들은 생계를 위하여 노동자가 될 수밖에 없었다. 그리고 한반도보다 근대 산업의 발전이 두드러졌던 일본은 이들에게 좋은 목적지가 되었다. 특히 제주와 바닷길을 통해 이어졌던 오사카는 경공업 중심으로 크게 성장하고 있었기 때문에 노동력의 수요가 많아 제주 사람들을 끌어들이는 유인 요인으로 작용했다.

한편 여수의 경우, 부산, 제주와 비교했을 때 비교적 늦은 1930년대에 들어서 일본과의 직항 항로가 개설되었다. 1930년 12월 일본의 가와사키기선주식회사(川崎汽船株式會社)[33]가 여수와 시모노세키를 잇는 여관연락선(麗關連絡船)이 운항을 시작하였는데, 여수항과 시모노세키항을 각각 저녁에 출발하여 아침에 도착하는

---

33  1919년 가와사키조선소(川崎造船所)의 선박부가 독립하여 설립한 해운 회사로 오늘날까지 그 명맥을 이어오고 있다.

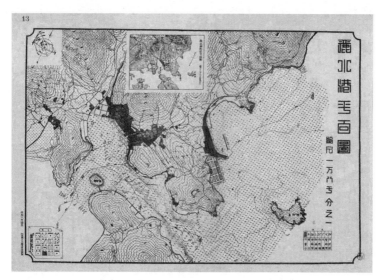

〈그림 1-5〉 여수항 평면도
출처: 『朝鮮港灣要覽』(1931) (한국해양수산아카이브 제공)


일정이었다. 개통 당시 가와사키기선주식회사가 "당분간 화물과 승객 모두 결손을 예상하고 희생적으로 내선(內鮮) 연락을 위해 취항"하였다고 발표한 사실에서도 알 수 있듯이[34] 여관연락선은 경제적인 목적보다는 내선일체(內鮮一體) 정책의 강화 속에서 개통되었으며, 결국 1934년 명령 항로로 지정된다. 이는 여수 자체가 일제강점기 일본인에 의해 개발이 진행된 대표적인 도시로 일본의 식민지 정책과 매우 밀접하게 연관된 지역이었다는 사실과도 무

---

34  「運合系の運送会社麗水に近く創立」, 『釜山日報』, 1930/11/30.

〈그림 1-6〉「축 남조선철도 개통: 남철의 개통과 관려항도 개시(祝南朝鮮鉄道開通: 南鉄の開通と関麗航路の開始)」,『釜山日報』, 1931년 4월 20일

관하지 않으며,[35] 그 연장선상에서 직항 항로 개설도 이루어진 것이다(〈그림 1-5〉).

이름에 연락선이라는 말이 포함된 점에서 알 수 있듯이 여관연락선도 부관연락선과 마찬가지로 철도와 연락하는 기선이었다. 여관연락선과 연락한 철도는 거의 비슷한 시기에 남조선철도(南朝鮮鐵道)가 부설한 광려선(광주-여수)이었다(〈그림 1-6〉). 여관연락선과 광려선의 연락 상황은 호남 내륙에서 여수항에 도착한후 바다를 건너 시모노세키로 향하는 흐름이 반대의 흐름, 즉 시모노세키에서 여수로 향하는 흐름보다 압도적으로 많은 특징을보였다.[36] 여관연락선은 운항 시간, 횟수, 운임 모두 부관연락선과 비슷했기 때문에 호남 지역에서 일본으로 이동하고자 하는 사람들에게 부산으로의 1차 이동을 생략해 준다는 측면에서 매우매력적인 것이었다. 따라서 비록 짧은 기간이기는 하지만 여수또한 도일하는 한인들의 출발지로서 일정 정도 기능하게 된다.[37]

---

**35**  허영란, 「일제시기 여수의 도시화 과정과 지역사회의 대응」, 『대동문화연구』 67, 2009, pp.91-96.

**36**  최재성, 「1930년대 여수지역의 공업화와 그 前後의 변화」, 『대동문화연구』 67, 2009, pp.150-153.

**37**  1930년대 후반 강제 동원이 시작된 후로는 한반도로부터 일본으로의 강제 동원자의 수송 또한 이루어진다. 부관연락선이 감당하지 못하는 수송량을 여관연락선이 나눠 담당하는 형태였다. 「関麗連絡船の日発航路実現へ」, 『釜山日報』, 1939/09/23.

| 제2장 |

# '경험'으로서의 부관연락선

## 부관연락선의 탄생과 전개

부관연락선(釜關連絡線)의 탄생은 근대 동북아해역의 철도망 확충과 함께 진행되었다. 일본은 1901년 본토 서쪽 지역의 대동맥 격인 산요본선(山陽本線)을 개통한 후,[1] 조선에 대한 침략을 노골화하는 과정에서 한반도의 철도 부설을 추진한다. 1901년 서울 영등포와 부산 초량에서 공사를 시작하였고 1904년 12월 말에는 완성, 이듬해 1월 1일에는 운행을 시작하였다. 그리고 이렇게 경부선이 개통하면서 경부선과 산요본선을 이어 일본과 한반도 그리고 중국 대륙까지를 연결하고 인적, 물적 수송을 도모하고자 하는 움직임이 시작되었다. 그 결과 1905년 9월 부산과 시모노세키(下關)를 '연락'하는 (철도)연락선이 탄생하였으며, 부산과 시모노세키의 앞 글자를 따서 부관연락선이라는 이름이 붙여졌다. 경부선 개통

---

1   산요본선 중 일부 구간은 1895년에는 이미 도카이도본선(東海道本線)(도쿄(東京)-고베(神戶))과 직통 운행을 시작하였다.

및 운행에서 불과 9개월여 만에 부관연락선이 운항되기 시작했다는 사실은 그만큼 부관연락선이 일본의 국가적 관심, 그리고 이익과 밀접한 관계가 있었으며 이는 궁극적으로 제국주의의 진행과 연관이 있다고 할 수 있을 것이다.[2]

〈표 2-1〉 부관연락선 운항 선박(객화선) 개요[3]

| 선박명 | 총 톤수(t) | 정원(명) | 취항 연월 |
|---|---|---|---|
| 이키마루(壹岐丸) | 1,680.56 | 392 | 1905년 9월 |
| 쓰시마마루(對馬丸) | 1,679 | 392 | 1905년 11월 |
| 고마마루(高麗丸) | 3,028.51 | 717 | 1913년 1월 |
| 시라기마루(新羅丸) | 3,020.66 | 722 | 1913년 4월 |
| 게이후쿠마루(景福丸) | 3,619.66 | 1,107 | 1922년 5월 |
| 도쿠쥬마루(德壽丸) | 3,619.66 | 1,103 | 1922년 11월 |
| 쇼케이마루(昌慶丸) | 3,619.66 | 1,103 | 1923년 3월 |
| 곤고마루(金剛丸) | 7,081.74 | 1,905 | 1936년 11월 |
| 고안마루(興安丸) | 7,079.76 | 1,905 | 1937년 11월 |
| 덴잔마루(天山丸) | 7,960.8 | 2,232 | 1942년 9월 |
| 곤론마루(崑崙丸) | 7,908.5 | 2,230 | 1943년 4월 |

부관연락선이 처음 운항되기 시작했을 때 투입된 기선은 두

---

2    이는 부관연락선의 운항을 처음에는 산요철도(山陽鐵道)(산요본선 건설·운행)에서 담당했지만 곧 국영화했다는 사실로부터도 알 수 있다. 엄밀히 말하자면 산요철도의 국영화인데 일본은 1906년 철도국유법(鐵道國有法)을 통해 전국 철도망을 국가 운영, 관리 아래에 둔다. 이 법에 따라 관련 중앙 관청으로 철도원(鐵道院)이 설치되고 1920년에는 철도성(鐵道省)으로 승격되었다.

3    日本国有鉄道広島鉄道管理局, 『関釜連絡船史』, 日本国有鉄道広島鉄道管理局, 1979, p.161.

척으로, 이름은 이키마루(壹岐丸)(1,680톤)와 쓰시마마루(對馬丸)(1,679톤)이며 300명을 조금 넘는 승객을 싣고 부산과 시모노세키를 11시간 30분 만에 이었다. 이들은 기본적으로 밤에 출발하여 이튿날 아침에 도착하는 형태로 매일 1회 운항되었고, 이용객은 식민자인 일본인 위주였다. 그리고 이와 같은 식민자의 움직임은 일본에 의한 조선의 국권 침탈이 다방면에서 진행되면서 점점 더 가속화되었다. 부관연락선의 수송량 급증으로 인해 1907년에는 에게산마루(會下山丸)(1,458톤), 1908년에는 사쓰마마루(薩摩丸)(1,946톤)를 민간 선박 회사로부터 빌려 운항하기 시작하였으며 낮과 밤 하루에 두 편으로 운항 횟수도 늘렸다. 이는 1908년 경부선의 기점이 초량역에서 부산역까지 연장되면서 부관연락선과의 연결이 대폭 개선되었다는 사실과도 관련이 있다.[4]

이후에도 신예 선박들이 차례로 부관연락선에 투입되어 1913년에는 3,000톤급 대형 선박, 고마마루(高麗丸)(3,029톤)와 시라기마루(新羅丸)(3,021톤)가 운항을 시작한다.[5] 한편, 부관연락선에 투

---

**4**　초량역의 경우 부두로부터 1.5km 이상 되는 거리에 있어 접근성이 떨어졌으나 부산역은 거의 바로 연결되는 형태였기 때문에 부관연락선이 지니는 철도와의 '연락'이라는 특성 그리고 강점이 더욱 두드러지기 시작한 것이다.

**5**　고마마루와 시라기마루 전에 우메가카마루(梅ヶ香丸)(3,272톤)와 사쿠라마루(さくら丸)(3,204톤)가 잠시 운항되었다. 이 두 선박은 제국해사협회(帝國海事協會)가 전시(戰時)에 해군의 보조함으로 쓰기 위해 국민 의연금으로 건조한 것인데 1911년 부관연락선에 투입되었다가 이듬해인 1912년 유럽 항로를 운항하게 된다. 다만, 우메가카마루의 경우 모지항(門司港)에서 현창(舷窓)에 침수가 일어나 침몰한다.

〈그림 2-1〉게이후쿠마루(景福丸)
출처: 위키피디아

입되는 선박의 대형화에 따라 기점의 두 항구, 부산항과 시모노세
키항의 정비도 계속되었다. 특히 여객 및 화물 수송의 효율화를 위
해 대형선이 직접 접안할 수 있는 잔교 설치가 필수 불가결했기
때문에 발 빠르게 추진되었다.[6] 그리고 이렇게 부두 시설까지 정비
되면서 부관연락선은 더욱 크고 빠른 선박을 운항하기 시작한다.
1922년에는 게이후쿠마루(景福丸)(3,619톤)(〈그림 2-1〉)와 도쿠쥬마
루(德壽丸)(3,619톤), 1923년에는 쇼케이마루(昌慶丸)(3,619톤)가 투
입되었는데 이들은 기존의 운항 시간을 3시간 이상 앞당겼다. 그

---

6    부산항에는 1912년, 시모노세키항에는 1914년에 잔교가 완공되어 더 이상 거
     룻배를 이용하지 않고도 여객의 승하선, 화물의 선·하적이 가능해졌다.

리고 여객과 화물 수송을 분리하여 각각 왕복 2회와 1회 운항하여 수송량 또한 크게 늘었다. 이처럼 점차 선박이 대형화된 이유는 제1차 세계대전 이후 호황을 등에 업은 일본이 각종 물자 생산을 늘리고 이를 대륙으로 수송한 데서 기인한 것과 병행하여 노동자, 특히 한인 노동자를 중심으로 한 여객 수요도 증가했기 때문이었다.

그리고 1930년대 중반 이후, 부관연락선의 수송량은 더욱 급격하게 증가하기 시작한다. 이는 일본이 만주국(滿洲國)을 세우고 본격적으로 대륙 침략에 나섰기 때문이며 한반도는 그를 위한 병참 기지가 되었다. 일본은 대량의 군수 물자를 생산하여 대륙으로 조달하는 데 힘을 쏟았고 이와 동시에 '만몽개척단(滿蒙開拓團)'[7]과 같은 일본인의 이동 또한 늘어났는데 부관연락선은 바로 그 중심에 있었다. 그리고 이 과정에서 보다 빠르고 많이 사람과 물자를 실어 나를 수 있는 선박 투입이 불가피하다는 목소리가 높아졌다. 그 결과 1936년 곤고마루(金剛丸)(7,081.7톤), 1937년 고안마루(興安丸)(7,080톤)가 운항을 시작하였다. 곤고마루와 고안마루는 부산과 시모노세키 사이의 운항 시간을 7시간까지 단축했으며 한 번에 실어 나를 수 있는 여객의 수는 1,700명 이상이었다.

이후 중일전쟁 그리고 태평양전쟁으로 이어지는 과정에서 부관연락선은 다시 한번 수송량 증강의 필요성에 직면하게 된다. 특히 이 시기 한인의 강제 동원이 본격적으로 시작함에 따라 부관연

---

7    만주국 성립 이후 일본 정부가 국책으로 모집한 이민을 말한다. 기본적으로 농민이 중심이었으며 나가노현(長野縣) 등 빈곤 지역에서의 송출이 많았다.

락선은 이들의 수송에 이용되었고, 전쟁이 진행되면 될수록 더 많은 한인을 실어 나를 필요가 있었다. 물론 동원된 한인이 일본에서 생산한 물자 그리고 대륙으로 향하는 병력을 부산까지 싣고 온 것도 부관연락선이었으며, 양방향 모두 수송량은 급증한다. 이에 부산-시모노세키 항로에는 1942년과 1943년 각각 덴잔마루(天山丸)(7,906.8톤)와 곤론마루(崑崙丸)(7,909톤)가 새롭게 투입되었다. 그러나 이전과 달리 더 이상 부관연락선의 안전한 운항이 보장받기 힘들어진 것도 사실이었다.[8] 실제 곤론마루의 경우 운항을 시작하고 6개월이 채 안 되어 미국 잠수함의 어뢰 공격을 받고 침몰하였다.[9] 곤론마루 침몰 이후에도 부관연락선은 어뢰에 의한 크고 작은 공격의 대상이 되었고 1945년 6월 운항 종료에 이른다.


## 부관연락선을 탄다는 것

제1장에서 살펴보았듯이 부관연락선은 근대 동북아해역의 인구 이동, 특히 대한해협을 건너는 한인의 이동을 거의 독점적으로 점유하면서 매우 중요한 역할을 하였다. 그렇기 때문에 부관연락

---

8   이는 덴잔마루와 곤론마루가 잿빛의 위장색으로 칠해졌다는 사실에서도 알 수 있다.

9   곤론마루는 1943년 4월 12일에 취항하여 같은 해 10월 5일 침몰하였다. 시모노세키항에서 출항하여 부산으로 향하는 중이었으며 승객, 승무원 합계 583명이 사망했다.

선의 운항은 근대 동북아해역에서 일어난 사회 현상의 하나라고 도 할 수 있으며, 따라서 이에 대한 입체적인 이해를 위해서는 식 민 도시의 형성, 식민지 교통망의 전개, 도항 및 귀환 정책의 변화 와 같은 거시적인 측면만이 아니라 실제 부관연락선을 타고 움직 였던 사람들을 중심으로 한 미시적인 측면 또한 중요해진다. 즉, 부관연락선 안에서의 시간이 재일한인에게 어떠한 경험이었는지 에 주목할 필요가 있는 것이다. 이들이 마냥 즐겁고 가벼운 마음 으로 바다를 건너고 있지 않았음은 분명하다. 아마도 착잡함과 기 대와 두려움 등 여러 가지 감정인 뒤섞인 채 이동을 하고 있었을 것이며 이러한 이동 과정 중에는 다양한 사건, 사고가 발생하기도 하였다. 대한해협을 가로지르는 부관연락선에서는 어떠한 일들이 일어났을까. 그리고 그러한 이벤트들은 이동하는 사람들에게 어 떻게 다가왔을까.

그런데 부관연락선을 통한 한인의 이주 경험을 살펴보는 데 있어서 일본인 승선자와의 대비가 매우 중요하다. 그것은 이주의 경험이 민족의 '경계'에 따라 확연하게 달랐기 때문이다. 일본인 의 부관연락선 승선 경험을 자세히 살펴보면 가장 알기 쉬운 형태 로 드러나는 것은 그것이 당시 일본의 조선 기술을 집대성한 최신 식 선박을 경험하는 것이었다는 사실이다.[10] 물론 이와 같은 경험

---

10  예를 들어 1913년에 운항을 시작한 고마마루와 시라기마루는 두 개의 추진기 로 야간 운항의 안전을 도모하고 항해 중 엔진이나 키[舵]가 고장 났을 때를 대 비하여 돛을 예비로 장착하는 등 부관연락선에는 많은 기술적 시도가 지속적

〈그림 2-2〉 곤고마루(金剛丸)
출처: 위키피디아

이 같은 선박을 이용한 한인에게 배제된 것은 아니었고 강제 동원
자들조차도 부관연락선의 규모에 대한 놀라움을 표현하였다. 다
만 부관연락선 내부에서의 '즐거움'은 객실 등급과 심리적 상태의
차이 등으로 인해 대부분 일본인에 의해 점유되는 경험이었다고
보인다. 부관연락선은 선박과 철도를 연락한다는 기술적 의미와
제국 일본의 대륙 진출 과정과 발맞추어 탄생, 전개한다는 상징적
의미 두 가지 측면에서 당시 일본의 최고급 기선을 투입, 운항하
였다.

---

으로 이루어졌다.

최고급 기선이 운항하는 부관연락선의 호화로움의 정점은 1930년대 중반에 투입된 곤고마루(〈그림 2-2〉)가 찍었다. 이들은 "지금까지의 해협 도선형(渡船型)이 아니라 얼핏 보면 외국 항로의 객선을 떠올릴 수 있을 만큼 위풍당당한 풍격"을 보였다.[11] 부관연락선의 일본인 승선자는 이른 시기부터 전보, 라디오 등 최신 통신 서비스를 이용할 수 있었고,[12] "현해탄의 여왕"[13] 곤고마루의 시대에 와서는 "바다의 호텔"이라 불렀으며[14] 다음의 묘사를 통해서도 알 수 있듯이 객실 등급의 차이는 어느 정도 있어도 '부족함 없이' 쾌적하게, 그리고 때에 따라서는 호화롭고 우아하게 대한해협을 건널 수 있었다.

3등 객실은 기존에 부족한 점이 많았으나 곤고마루는 대중 서비스도 철저히 하여 3등 침대와 욕실이 있다. 3등 침대는 2등 잡거실(雜居室) 보다 훌륭하다는 평도 있으며 하단 80전(錢). 상단 1엔(円)과 같이 요금도 싸고 1인 30전이라는 욕실 이용 요금도 반응이 좋다. 1·2등 객실은 더욱 멋진 설비를 갖췄다. 금강산의 만물상을 모자이크로 표현한 것이 1등 휴게소 정면 벽에 있고, 아래층 홀 장식장 위에는 금강산 계곡을 그린 유화

---

11  日本国有鉄道広島鉄道管理局, 前揭書, p.56.

12  일반 승객에 의한 첫 전보 서비스 활용은 1915년 8월 28일 시모노세키에 송신한 것이었다(「無線電信初信」, 『釜山日報』, 1915/08/30). 한편 라디오의 청취는 1927년부터 가능했다(「関釜連絡の三船にラヂオ」, 『釜山日報』, 1927/04/19).

13  日本国有鉄道広島鉄道管理局, 前揭書, p.54.

14  「海のホテルにしいバラス 女王様の悩み」, 『釜山日報』, 1936/12/18.

가 설치되었다.[15]

한편, 이와 같은 부관연락선 자체의 특징을 반영한 일반적인 경험 이외에 근대 시기 일본인의 한반도로의 이주 양상에서 비롯한 경험도 있다. 일본인의 한반도로의 이주의 시작은 관료, 교육자 등을 중심으로 시작되었으나, 이후 더 많은 이동이 이뤄진 것은 비즈니스 목적의 상인이었다. 물론 이 현상을 주도한 것은 일본 내에서도 활발하게 상업 활동을 하는 자본을 지닌 상인들이었을 것이다. 그러나 조선을 기회의 땅으로 인식한 것은 이렇게 이미 자리를 잡은 상인들뿐만은 아니었다. 메이지 유신(明治維新) 이후 큰 사회 변동을 겪은 일본에는 새로운 국내 경제 시스템에 편입되지 못한 자들도 많았고 이들은 조선과의 관계를 통해 '한몫' 잡아보려는 경우도 많았다. 그리고 부관연락선은 이렇게 적은 자본으로 돈을 벌어보려는 자들을 기회의 땅과 연결시켜 주는 수단이었다.

## 재일한인이 경험한 부관연락선

그렇다면 한인들은 부관연락선을 어떻게 경험하였을까. 이 질문에 대한 답을 찾아보는 데 있어서 한 가지 간과해서는 안 되는

---

15  日本国有鉄道広島鉄道管理局, 前揭書, p.58.

사실은 한인에게 부관연락선의 승선은 그 자체가 결코 자유롭지 않았다는 것이다. 한인의 일본 이주는 당초 노동자를 모집, 알선하는 일본 업체를 매개로 이루어졌는데 이들은 1910년 중반까지 아무런 제재를 받지 않았고 그 결과 무분별한 영업으로 인해 도일하는 한인 노동자의 수는 폭증하게 된다. 그리고 이러한 한인 노동자의 대규모 유입은 정치적, 경제적 불안을 야기한다는 이유로 특히 3.1운동을 계기로 규제되기 시작한다. 1919년 여행증명서 제도가 도입된 이후 일본은 여러 가지 조건을 내세우며 계속적으로 한인의 도일을 규제, 조정하려 하였고 그만큼 한인에게 부관연락선 승선은 쉽게 얻을 수 있는 기회가 아니었다.[16] 부관연락선을 타기 위해서는 부산항에 머물면서 알선업체 등을 통해 필요한 서류를 구비하고 자리가 나기만을 기다릴 수밖에 없었다. 결과적으로 부산, 그중에서도 부산항 주변은 부관연락선을 타고 대한해협을 건너고자 하는 많은 한인들이 적체되어 혼란스러운 상황이 계속되었다.[17]

그리고 이러한 혼란을 뚫고 올라탄 부관연락선에서의 경험 또한 녹록한 것은 아니었다. 부관연락선에는 1등부터 3등까지 총

---

[16] 1920년대부터 1930년대 중반에 걸쳐 한인의 도항 규제가 어떻게 전개되었는지는 제3장과 제4장에서 자세히 살펴보도록 한다.

[17] 도일 희망자가 부산에 적체되면서 여러 가지 사회 문제가 발생하였으며, 이 문제는 1924년 5월 부산시민대회의 개최를 통해 공론화되기에 이른다. 구체적인 내용은 다음 연구를 참고할 수 있다. 김은영, 「1920년대 전반기 조선인 노동자의 구직 渡日과 부산시민대회」, 『歷史敎育』 136, 2015, pp.163-193.

〈그림 2-3〉 부산항에 정박해 있는 부관연락선
출처: 『日本地理大系』(1930) (한국해양수산아카이브 제공)

세 종류의 객실이 있었는데 거의 대부분의 한인이 3등 객실을 이
용했다. 예를 들어 1929년 2월 21일 『부산일보(釜山日報)』에 따르
면 "연락선은 이들 내지 도항 조선인만으로도 3등 객실 정원이 꽉
차, 결국 못 탄 사람들은 화물선으로도 다수 도항하였"다.[18] 이 당
시 운항했던 게이후쿠마루를 예로 구체적으로 살펴보면 949명 정
원 중 1등 객실 45명, 2등 객실 214명, 3등 객실 690명으로 3등 객

---

18　「関釜連絡船は労働軍で満員」, 『釜山日報』, 1929/02/21.

실의 비중이 압도적이었는데 그 정원을 한인이 다 채우고 그것도 모자라 화물선을 이용했던 것이다. 그 3등 객실이 얼마나 혼잡하였을지는 쉽게 상상할 수 있다. 특히 3등 객실은 기관실과 가까워 온도가 높고 불쾌지수가 매우 높았다. 다만 1930년대 중반 이후가 되면 앞선 인용에서도 언급하였듯이 부관연락선의 3등 객실도 "대중 서비스를 철저히"[19] 하게 되어 침대칸이 설치, 일부 선택할 수 있었다. 이전 시기에는 일본 전통 바닥재인 다다미(たたみ)로 된 공간이 제공될 뿐이었다는 사실을 생각하면 개선되었다고도 볼 수 있지만 침대칸은 한정적이었고 무엇보다 추가 요금을 징수하였기 때문에 대부분의 한인은 일반 좌석에서 쪽잠을 자며 대한해협을 건넜다.

한편 이러한 열악한 환경일지라도 부관연락선의 승선은 한인에게 있어서 노력과 기다림의 결과였고 따라서 견딜 수밖에 없는 것이었다.

이 땅의 남단 부산(釜山) 떠나는 고범(孤帆) 1척. 이것이 관부(關釜) 六百리를 연결하는 연락선이라면 내지(內地)를 찾아가는 동포들의 생활전선은 도항(渡航)에서부터 시작되는 것이다. 뚜-하고 출항을 고하는 기적 1발에 떠나는 이 보는 이 주구나 설레이는 가슴을 어찌할 바 모를 것만 다만 절박된 생활에서 길을 구하고 앞날의 희망을 바라보는 아득

---

19    日本国有鉄道広島鉄道管理局, 前掲書, p.58.

한 실마리와 어설푸리한 꿈에 현해(玄海)의 물결도 무서움을 모르게 뱃속의 하룻밤은 풍토 다른 이역에 심어다노코 마는 것이다.[20]

위의 인용은 부관연락선은 통한 도항은 "생활 전선"이 시작됨을 의미하였고 그 자체가 한인에게는 삶을 이어나가기 위한 방법 중 하나였으며 따라서 그 공간에서의 경험은 절박함, 희망, 아득함, 설레임 등 다양한 감정이 뒤섞여 이루어짐을 보여준다.

그러나 1930년대 후반 이후가 되면 이렇게 부관연락선을 채웠던 다양한 감정은 일원화된다. 이는 강제 동원에 의한 이동이 시작되기 때문이며 그 이전 시기의 부관연락선을 통한 이주가 고되지만 한편에 희망과 설렘이 있는 것이었다면 이제는 고됨에 더해 슬픔과 두려움까지 섞이게 된다. 우선 전국에서 부산으로 이동해 온 한인 강제 동원자들은 영도에 위치한 검역소에서 신체 검사, 목욕, 예방 접종을 한 후 "지금 아파트같이"[21] "큰 건물"처럼 보이는[22] 부관연락선에 탔다. 이후 "지하실과 마찬가지"인[23] 선저 공간에 밀어 넣어진 이들을 가장 괴롭혔던 것은 "죽나 사나" 싶은 생

---

20 「百萬渡航同胞 生活報告 (一) 渡航이 生活의 前哨戰」, 『동아일보』, 1939/07/05.
21 일제강점하 강제동원피해 진상규명위원회, 『똑딱선 타고 오다가 바다 귀신 될 뻔 했네』, 국무총리실 소속 일제강점하 강제동원피해 진상규명위원회, 2006, p.173.
22 위의 책, p.141.
23 위의 책, p.199.

각이 들 정도의 심한 멀미였다.[24]

> 막 주욱 올라갔다가 주욱 내려가고. 처음 배 탔으니껜. 알고보니깐 파도
> 가 그냥 셌더만. 쫌 있으니께, 나가 바람 좀 쐬야겄어. 바람 쐬러 나갈라
> 니께, 오바이트 해가지고서 여까지 빠져, 드러워. 복도가.[25]

이처럼 주먹밥 하나를 먹으며 견디던 멀미 이외에도 이들은
구명복을 제대로 착용하지 못한다, 마음대로 돌아다닌다 등의 이
유로 폭력에 시달렸고, 미군 공격에 대비하는 훈련을 받는 과정에
서 파도에 휩쓸려 목숨을 잃는 경우도 있었다.[26] 한편, 소수이지만
부관연락선 자체가 동원의 현장이었던 사람들도 있었다. 예를 들
어 선저(船底) 기관실의 화부(火夫) 일은 한인을 '모집'해서 이루어
졌는데 이들은 "150도의 초열(焦熱) 지옥"에서 노동을 강요받았다.
한마디로 강제 동원으로 인해 일본으로 가는 이들에게 부관연락
선에서의 경험은 생사를 넘나드는 절박한 것이었다고 할 수 있다.

---

**24** 일제강점하 강제동원피해 진상규명위원회, 『아홉머리 넘어 북해도로: 홋카이도
   강제 동원 피해 구술자료집』, 국무총리실 소속 일제강점하 강제동원피해 진상
   규명위원회, 2009, p.431

**25** 일제강점하 강제동원피해 진상규명위원회, 앞의 책, 2006, p.142.

**26** 화성시, 『일제강점기 강제 동원 구술자료집Ⅲ』, 화성시, 2017, p.157.

## '디아스포라 공간', 부관연락선

그리고 이와 같은 부관연락선 내에서의 재일한인의 경험은 해역을 가로지르는 '디아스포라 공간(diaspora space)'의 경험이었다고 해석할 수 있다. '디아스포라 공간'은 영국의 사회학자 브라(A. Brah)가 제시한 개념으로 "경제적, 정치적, 문화적, 그리고 심리적 과정이 융합되는 지점으로, 이동하는 자, 경계, 위치의 변화가 교차하는 곳"을 말한다.[27] 이는 디아스포라에 의해 수용국 내에 만들어진 일종의 엔클레이브(enclave)[28]인 '디아스포라의 공간(the space of diaspora)'과는 달리 "다원적이고 탈경계적인 개념"이다.[29] '디아스포라 공간'에서는 이동하는 자와 이동하지 않는 자의 상호 관계성에 변화가 일어나며, 혼종성의 경험에 기반을 두는 상호 관계성은 새로운 의미의 공간을 형성하게 된다. 바꾸어 말하자면 "포용과 배제, 소속감과 타자성, '우리'와 '그들'의 경계들이 경합하는 지점"을 말한다.[30] 이 개념의 특징은 이동하는 자뿐만이 아니라 이동하지 않는 자 또한 시야에 넣고 있다는 점으로, 이러한 "복수의 주체의 위치가 나란히 놓이고, 경합하며, 인정 또는 부인되는 곳"이

---

27  Brah, Avtar, *Cartographies of Diaspora*, Routledge, 1996, p.208.

28  국가나 도시 속에 존재하는 소수 민족 집단 체류 지역을 뜻한다.

29  신지원, 「다문화 도시의 다양성 관리와 '디아스포라 공간': 영국 레스터 사례를 중심으로」, 『디아스포라연구』 11(1), 2017, p.77.

30  Brah, Avtar, Op. cit., p. 242.

라고 할 수 있다.[31]

　앞서 살펴보았듯이 부관연락선을 통한 이동은 그 자체로도 다양한 의미와 감정이 교차하는 것이었고 특히 한인과 일본인이라는 민족의 '경계'가 주는 차이는 분명했다. 이와 관련하여 1929년 9월 2일 『동아일보』에 실린 아래와 같은 부관연락선에 대한 풍자 칼럼은 주목할 만하다.

　　그들의[일본인 부부] 말과 행동을 삶혀 상상건데 조선 와서 몃해 장사해서 돈을 톡톡히 벌어가지고 자기 고향에 잠문(暫聞)다니러 가는 것이다. 한 편에는 남의 땅에 가서 돈을 잔뜩 벌어가지고 가는데 제 땅에서도 못 살고 나가는 것은 넘우도 웃은 사회상이다. 뒤숭숭한 내 머리에는 닛대어 이러한 광경이 떠오른다. 日本에 온 수십만 조선 노동자들이 헤매며 땀흘리고 고국이 그리어 돌아오고 십허도 노비(路費) 조차 업서 애태우는 그들의 그림자를 보앗다.[32]

　위의 인용은 부관연락선을 탔을 때 본 한인과 일본인 승선자의 대조적인 모습을 나타낸 것으로 이처럼 부관연락선은 한인과 일본인의 이주 동기, 과정, 결과의 차이가 극명하게 표출되는 공간이기도 했다. 그리고 이는 이동하는 자와 이동하지 않는 자의 상

---

31　Ibid., p.208.

32　「諷刺漫話(二) 본대로 들은대로: 關釜連絡船」, 『동아일보』, 1928/09/02.

호 관계 속에서 '우리'의 정체성을 인식하고 '그들'에 대한 구별 짓기가 이루어지며, 이러한 움직임이 경제적, 정치적, 문화적, 그리고 심리적 요소와 융합하여 끊임없이 재생산, 변형되는 디아스포라 공간의 특징과 일맥상통한다. 한인이 경험한 부관연락선은 1930년대 전반까지 승선 자체는 어렵지만 삶을 이어나가기 위해서 반드시 올라타야만 하는 대상이었으며 혼란 속에 이루어진 이동은 고됨, 절박함과 더불어 희망, 설레임이 뒤섞인 것이었다. 한편, 1930년대 후반 이후가 되면 부관연락선을 통한 '강제적인' 이동은 생사를 가로지르고 폭력이 난무하는 보다 가혹한 것으로 바뀌게 된다.

물론 일부 일본인에게도 부관연락선은 비극적인 공간이었다. 부관연락선에서는 운항 초기부터 운항 중단 직전까지 일본인의 투신 자살 사건이 이어졌는데, 이는 특히 조선에서 '한몫' 잡아 삶의 반전을 기대했으나 실패한 자들에 의해서였다. 투신 자살은 연령, 성별을 가리지 않고 개인, 부부, 가족, 연인 등 다양한 단위로 일어났다. 대부분의 경우 투신 자살을 한 사람의 인적 사항은 알수 있으나 유서가 없어 동기를 알기는 힘들었다. 동기를 알 수 있는 사례를 소개하면 사업에 실패한 경우,[33] 생활고 등이 있었다.[34] 다만 이러한 일본인의 경험은 어디까지나 개인적인 차원에서의 욕

---

**33**　「商業에 失敗코 六十老人 自殺」, 『동아일보』, 1933/08/04.

**34**　「連絡船から老人投身」, 『釜山日報』, 1933/07/09.

망과 좌절을 배경으로 한다는 점에서 한인의 그것과는 다르다. 한인이 경험한 부관연락선은 모든 시기에 있어 식민자와 피식민자로서 일본인과 한인의 '경계'를 확인시켜 주는 제국주의의 구조를 등에 업은 것이었기 때문이다.

# 제3장

# 또 하나의 이동, 밀항

## 해역의 '틈'을 가로지르다

앞서 제1장과 제2장에서 살펴본 일제강점기 한인(韓人)의 도일(渡日) 흐름은 '공식적'인 이동에 국한된 것이다. 여기에서 말하는 '공식적'인 이동이란 정식으로 도항의 절차를 밟은 후 선박의 운임을 지불하고 대한해협을 건너는 이동이라고 할 수 있겠으며, 그 중심에는 부관연락선(釜關連絡船)이 있었다. 그리고 물론 재일한인의 탄생에 있어 이러한 '공식적'인 이동이 가장 큰 비중을 차지했음은 분명하다. 하지만 모든 이동이 '공식적'으로만 이루어진 것은 아니었다. 한반도로부터 일본으로의 한인의 이동은 '비공식적'인 형태로도 진행되었으며,[1] 때에 따라서는 '비공식적'인 흐름이 '공식적'인 흐름보다 이들을 이해하는 데 중요한 의미를 지니기

---

[1]  이 책에서 말하는 '비공식적'인 이동은 오늘날 영미권에서 이른바 '불법' 입국 및 체류자를 뜻하는 'undocumented', 즉, 문서(증명서)를 지니지 않은 이동을 뜻하는 용어와 가장 유사한 뉘앙스를 지닌다.

도 한다. 바로 또 하나의 이동, 밀항이다. 밀항에 대해서는 어디까지나 개인의 일탈 행위로 이해하고자 하는 시각도 존재한다. 그러나 재일한인을 탄생시킨 밀항의 흐름은 결코 그렇게만 해석할 수 없으며, 현상의 이면에 있는 사회 구조적 문제와 함께 살펴볼 필요가 있다.

재일한인의 밀항은 크게 두 시기, 구체적으로는 일제강점기와 해방 공간을 중심으로 하는 시기로 나누어 검토할 수 있는데, 양쪽 모두 개인에 의한 일시적, 예외적인 현상이라고 보기는 어렵다. 우선 일제강점기 한인 밀항의 경우, 기본적으로는 '공식적'인 이민과 배출 요인(push factor)을 공유한다. 즉, 농촌 수탈에 의한 이농자의 발생, 근대 산업 기반의 미성숙 등을 배경으로 경제적인 목적을 가지고 도일을 원하는 한인들이 늘어났고, 이 중 일부가 밀항자가 된 것이다. 당시 밀항은 바다를 건너고 싶은데 그것이 다양한 이유에 의해서 저지당한 사람이 사용한 대안과 같은 것이었다고도 이해할 수 있는데, 이때 이동을 저지당한 주요 원인은 '공식적'인 도항을 가로막는 예측 불가능하고 불규칙한 제도의 변화였다. 정리하자면 일제강점기 한인의 밀항은 식민 지배로 인한 농촌의 몰락, 잦은 도항 규제의 변화 등으로 인해 항시 발생하는 사회적 현상이었으며,[2] 종주국과 식민지 사이의 비대칭적인 힘의 구조가 극대화되어 원인으로 작용한 움직임이었다고 할 수 있다.

---

2    김승, 「일제시기 조선인의 밀항 실태와 밀항선 도착지」, 『역사와 경계』 124, 2022, pp.248-249.

한편, 해방 공간의 밀항 또한 '어쩔 수 없는' 선택과 국제 관계의 영향을 받은 자의적인 제도 운용이 합쳐진 결과물이었다. 해방 직후 한반도의 정치, 경제적 혼란은 다시 많은 한인들로 하여금 대한해협을 건너게 했다. 일제강점기 일본에 거주하다 귀환한 사람 또는 아직까지 일본에 친인척이 남아 있는 사람들을 중심으로 '먹고살기 위해' 재도일을 하는 경우가 대부분을 차지하였고, 특정 지역(제주)에서는 국가 폭력과 전쟁에 의해 난민화된 사람들이 바다를 통해 목숨을 부지하였다.[3] 그리고 이렇게 '어쩔 수 없는' 선택을 한 한인들의 이동은 제국 일본의 붕괴와 함께 새롭게 만들어진 국민 국가의 경계를 넘는 불법 행위가 되었으며, 이는 일제강점기의 밀항이 제국 내에서의 부정(不正) 행위였다는 점과는 크게 다르다.[4] 문제는 1952년 샌프란시스코강화조약 발효를 통해 동북아에서 국민 국가의 경계가 최종 확정되는 과정이 냉전의 심화와 동시에 진행되었다는 사실로, 그 결과 이 시기 한인의 도일은 예측 불가능하고 자의적인 형식으로 '불법'이 되고 밀항으로 만들어져 갔다는 것이다.

이처럼 근현대에 걸친 재일한인의 밀항은 이들을 둘러싼 정치, 경제, 사회 구조적 배경의 영향을 크게 받은 사회적 이동이었다. 인류의 역사, 그중에서도 근대 이후의 역사를 돌이켜 보면 국

---

**3** 김진선, 「재일제주인의 이주와 밀항의 난민 양상: 1910~1960년대를 중심으로」, 『현대사회와 다문화』 13(3), 2023, pp.6-8.

**4** 김승, 앞의 글, 2022, p.248.

가에 의한 이동 제한과 경계 짓기는 그것이 의도한 것과 달리 결코 개인에게 이동을 포기시키지 못했다. 재일한인 또한 마찬가지였다. 일제강점기와 해방 직후, 그 어느 시기에 있어서든 바다를 건너고자 했던 이들은 도항 제한과 국경의 보이지 않는 '벽'을 회피, 극복하는 방법을 찾고자 하였다. 밀항이 바로 그러한 방법이었으며, 이는 규제와 경계 사이에 존재하는 해역의 '틈'을 가로지르는 주체적인 이동이었다고 할 수 있다.

## 도항 규제와 밀항: 일제강점기

일제강점기의 밀항 발생의 주요 배경은 도항 규제의 잦은 변화에 있었다. 1910년대 제1차 세계대전의 반사 이익으로 일본 경제의 호황이 이어지면서 취업을 목적으로 하는 한인 도일자가 무분별하게 증가하자 조선총독부는 1918년 「노동자 모집 단속 규칙(労働者募集取締規則)」을 공포, 시행한다. 다만 규칙의 이름에서도 알 수 있듯이 이는 노동자를 모집하는 일본 기업을 대상으로 한 것으로 한인의 도항을 직접적으로 규제하는 것은 아니었다. 그러나 이듬해 3.1운동이 일어나면서 상황은 크게 바뀐다. 독립 운동의 확산을 막기 위해 일본으로의 한인 유입을 막기 시작한 것이

〈그림 3-1〉「조선인 여행 단속에 관한 건
(朝鮮人ノ旅行取締ニ関スル件)」
출처:『朝鮮總督府 官報』第 2002號
1919년 4월 15일

다. 이른바 여행증명서 제도의 도입인데 이는 내무성(內務省)[5]의 협조 요청을 받은 조선총독부가 「조선인 여행 단속에 관한 건(朝鮮人ノ旅行取締ニ関スル件)」이라는 경무총감령(警務總監令)을 내리면서 시행되었다. 이는 한반도 밖으로 이동하고자 하는 한인으로 하여금 거주지 경찰서에서 여행 목적과 이유를 적은 여행증명서를 발급받아 출발지 경찰서에 제출하도록 하고, 귀국 후에도 동일한 절차를 밟도록 규정한 조치였다.

이와 같은 규제는 당연하게도 많은 한인들의 불만을 야기했고, 1920년대 들어 시작된 문화 통치의 방향과도 괴리되는 것이었기 때문에 1922년 폐지에 이른다. 그러나 1923년 9월 관동대지진(關東大地震)[6]이 일어나자 한인의 도일은 다시 전면적으로 제한되

---

5   전전(戰前) 일본에 존재하던 행정 기관으로 경찰, 지방 행정 등 내정 일체를 소관한다.

6   1923년 9월 1일 일본 관동(關東) 지방(도쿄(東京), 요코하마(橫濱), 치바(千葉) 일대)에서 발생한 규모 8.1의 큰 지진을 말한다. 최소 10만 명 이상이 사망했다고 추정되며 점심시간과 지진 발생 시간이 겹친 탓에 화재 피해가 매우 심했다.

기 시작하였다. 유학생, 사업가 등의 이동은 얼마 지나지 않아 가능해졌지만, 노동자의 경우는 계속해서 도항을 제한했고, 제한의 정도는 이전 시기보다 강화되었다. 과거 일본에서 일했던 경험이 있고 충분한 여비를 소지하며 취업할 곳이 정해져 있는 사람만 도항 가능했던 것이다. 그런데 문제는 단순히 규제가 강화된 것이 아니라 내무성과 조선총독부에 의해 명확한 기준 없이 변동이 많았다는 사실이었다. 1920년대 걸쳐 도일을 위해 필요한 서류, 제출처, 조건 등이 계속해서 바뀌었고 행정 처리는 지연되는 경우가 일상이었기 때문에 대한해협을 건너고자 하는 한인들 사이에는 큰 혼란이 발생하였다. 그리고 그 결과 특히 부관연락선의 출발지인 부산에서는 혼란이 응축되어 나타났는데,[7] 제4장에서 살펴볼 부산항 및 부산역 인근 산동네는 그러한 혼란의 공간적 산물이었다.

하지만 부산에 혼란만이 있었던 것은 아니다. 도항 규제로 인해 이동이 힘들어진 한인들이 새로운 방법, 즉 '비공식적인' 방법으로서 밀항의 가능성을 모색한 곳도 부산이었다. 밀항에는 도항 서류 위조, 신분 위장, 무단 승선 등 다양한 방법이 있었으나 일제강점기 가장 주된 방법은 브로커가 알선한 발동선을 타고 바다를 건너는 것이었고, 그 주요 출발지가 바로 부산이었다.[8] 당시 부산

---

7   최민경, 「'디아스포라 공간' 개념의 재고찰과 부산: 이동의 시작에 주목하여」, 『인문사회과학연구』 19(4), 2018, p.9.

8   김승, 앞의 글, 2022, pp.266-276.

에서 활동한 밀항 브로커의 규모를 정확히 알 수는 없지만 검거 상황으로부터 역추산했을 때 약 150~200명에 달했을 것으로 보이며,[9] 이들은 '공식적인' 도일이 좌절된 한인을 '비공식적'으로 계속해서 실어 날랐다. 부산에서 출발한 밀항선은 대개 일본 혼슈(本州) 가장 서쪽에 위치한 야마구치현(山口縣)이나 규슈(九州) 북부 후쿠오카현(福岡縣), 나가사키현(長崎縣), 사가현(佐賀縣) 일대 해안에 밀항자들을 내려줬으며, 이들은 그곳에서 다시 일본 각지로 흩어졌다.

물론 밀항 과정은 결코 순탄한 것이 아니었다. 브로커는 많은 수수료를 갈취했고 정해진 목적지에 내려주지 않는 등 사기를 치기도 했으며 해상에서 금품을 갈취하기도 했다.[10] 하지만 밀항은 무엇보다 죽음과 함께하는 이동이었다. 실제 적지 않은 밀항자가 해상 사고로 목숨을 잃었으며, 주요 원인은 풍랑, 태풍 등 기상 조건의 악화라기보다 브로커의 탐욕으로 정원을 크게 초과하여 승선시켰기 때문이다.[11] 게다가 일본에 도착한 후에도 밀항자들은 검거, 송환의 두려움 속에 살 수밖에 없었기 때문에 이들은 '공식

---

**9** 김승, 「일제시기 밀항브로커의 활동과 밀항 과정에서 문제점」, 『해항도시문화교섭학』 28, 2023, p.163.

**10** 예를 들어 1934년 1월 25일 자 『부산일보(釜山日報)』는 일본인 밀항 브로커의 체포 소식을 전하는데 이들은 밀항 수수료를 터무니없이 받아낸 것만이 아니라 선상에서는 밀항자의 소지품을 강탈하고, 소지품을 내놓지 않으면 바다에 빠뜨려 버리는 일을 서슴지 않았다. 「密航料せしめ更に船中で強盗、応ぜねば海中に蹴落す惨虐な悪ブローカー捕へらる」, 『釜山日報』, 1934/01/25.

**11** 김승, 앞의 글, 2023, pp.177-192.

적'인 도항자들에 비해 상대적으로 열악한 상황에 놓였다. 그럼에도 불구하고 식민 지배 아래 한반도를 살아간 '보통 사람' 중에는 도일에서 희망을 찾고자 하는 사람들이 많은 상황이었기 때문에 밀항을 통한 이동은 끊임없이 이어졌고, 그 결과 1930년대 중반이 되면 재일한인 중 밀항자가 차지한 비율은 3~8%에 이른다.[12]


## 만들어진 밀항: 해방 공간


1945년 8월 15일 제국 일본의 붕괴 이후, 대한해협을 가로지르는 한인의 이동 흐름은 기본적으로 일본에서 한반도로 향하는 귀환의 흐름이었다. 하지만 이와 동시에 한반도에서 일본으로 다시 바다를 건너는 사람들도 생겨났다. 재도일자 발생이 두드러지기 시작한 것은 1946년 봄 정도부터로 한인들 입장에서 보면 해방후 6개월 남짓 시간이 지난 시점에서 다시 고향을 떠나는 선택을 하게 된 것이었다. 이는 앞서 언급한 바와 같이 해방 직후부터 한반도의 정치적, 경제적 혼란이 매우 심했기 때문으로, 특히 일제강점기 일본에 거주하다 귀환한 사람들의 재도일이 눈에 띄었는데, 이들의 경우 귀환할 때 소지할 수 있는 재산에 한도가 있어 고국

---

12   김승, 앞의 글, 2022, p.257. 이 논문에서는 1930년대 중반 이후 강제 동원이 시작한 뒤에도 강제 동원을 '이용'하거나 친인척 네트워크를 활용한 밀항이 적지 않았다고 지적한다.

에 돌아온 후, 특히 정착에 어려움이 많았다. 주요 귀환항으로 기능했던 부산항 인근에 다시 한번 빈민들의 주거지로서 산동네가 확장되었다는 사실(제4장)로부터도 귀환한 재일한인이 마주했던 현실과 그러한 현실 속 이들에게 재도일은 '어쩔 수 없는' 선택이었음을 어렵지 않게 짐작할 수 있다.

그런데 당초 한인의 재도일은 '불법'의 영역이 아니었다. 그것은 과거 피식민자였던 한인의 법적 지위에 관해 정리, 결정된 바가 없었기 때문이다. 한인의 법적 지위는 1952년 4월 발효된 샌프란시스코강화조약 제2조 a항[13]에 의거하여 일본 정부가 내린 「평화조약 발효에 따른 조선인, 대만인 등에 관한 국적 및 호적 사무 처리에 대하여(平和条約に伴う朝鮮人台湾人等に関する国籍及び戸籍事務の処理について)」라는 통달(通達)을 통해 일본 국적을 박탈하면서 정해진다. 따라서 엄밀하게 말하자면 한인의 일본 국적은 박탈되지 않은 상태였고, 무엇보다 일본 정부도 그렇게 인식하였으며[14] 따라서 재도일의 흐름도 방관의 대상이었다. 그런데 이와 같은 상황은 1946년 초여름부터 급변한다. 그 이유는 콜레라의 유행 때문이었다. 실제 1946년 5월 부산에 콜레라에 관한 소식이 처음으로 등장하였고,[15] 한 달여 만에 전국적으로 퍼져 하루에 백

---

13  '일본은 조선의 독립을 승인하고 제주도, 거문도 및 울릉도를 포함하여 조선에 대한 모든 권리, 권한, 청구권을 포기한다'라는 항목이다.

14  朴沙羅, 『外国人をつくりだす: 戦後日本における「密航」と入国管理制度の運用』, ナカニシヤ出版, 2017, p.4.

15  4월 말 중국 광둥(廣東)에서 재중한인(在中韓人)을 태우고 부산항에 입항한 귀

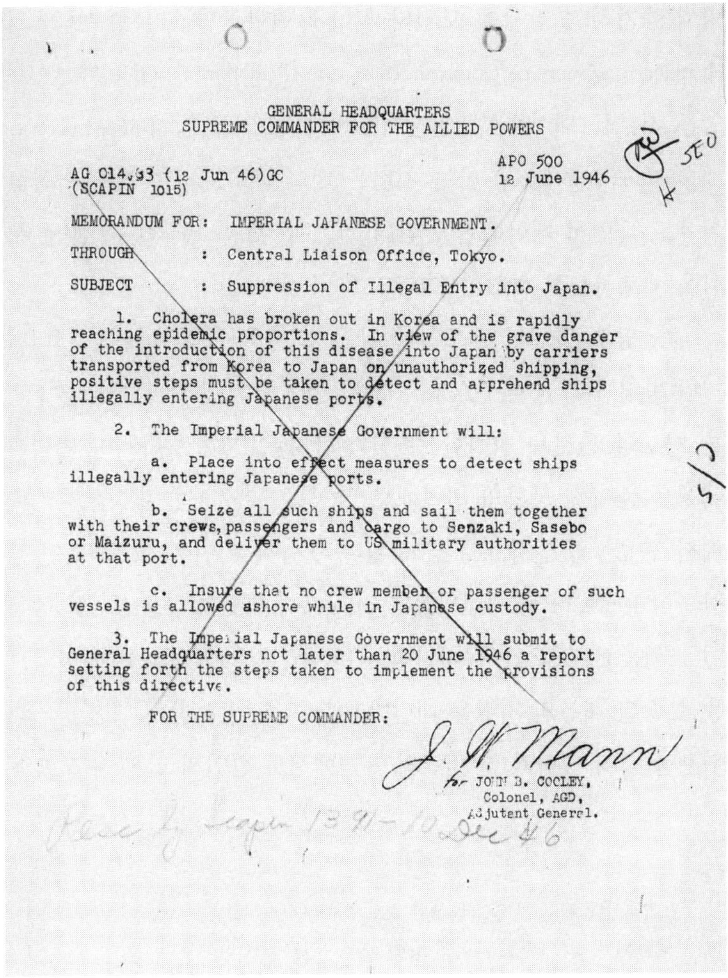

GENERAL HEADQUARTERS
SUPREME COMMANDER FOR THE ALLIED POWERS

AG 014.33 (12 Jun 46)GC
(SCAPIN 1015)

APO 500
12 June 1946

MEMORANDUM FOR: IMPERIAL JAPANESE GOVERNMENT.

THROUGH          : Central Liaison Office, Tokyo.

SUBJECT          : Suppression of Illegal Entry into Japan.

1. Cholera has broken out in Korea and is rapidly reaching epidemic proportions. In view of the grave danger of the introduction of this disease into Japan by carriers transported from Korea to Japan on unauthorized shipping, positive steps must be taken to detect and apprehend ships illegally entering Japanese ports.

2. The Imperial Japanese Government will:

a. Place into effect measures to detect ships illegally entering Japanese ports.

b. Seize all such ships and sail them together with their crews, passengers and cargo to Senzaki, Sasebo or Maizuru, and deliver them to US military authorities at that port.

c. Insure that no crew member or passenger of such vessels is allowed ashore while in Japanese custody.

3. The Imperial Japanese Government will submit to General Headquarters not later than 20 June 1946 a report setting forth the steps taken to implement the provisions of this directive.

FOR THE SUPREME COMMANDER:

J. W. Mann

for JOHN B. COOLEY,
Colonel, AGD,
Adjutant General.

〈그림 3-2〉 「일본으로의 불법 입국 억지(Suppression of Illegal Entry into Japan)」
출처: Supreme Commander for the Allied Powers Directives to the Japanese
Government (SCAPIN-1015)

명씩 증가하는 양상을 보였다.[16] 이에 연합군 최고사령부(General Headquarters/Supreme Commander of the Allied Powers, GHQ/SCAP)는 일본 정부를 대상으로 「일본으로의 불법 입국 억지(Suppression of Illegal Entry into Japan)」라는 지령을 내려 한반도의 콜레라 확산을 이유로 들면서 대한해협을 건너 일본에 '불법' 입국하는 선박, 사람을 체포하도록 하였다(〈그림 3-2〉).[17]

즉, 당초 한인의 재도일이 갑자기 '불법'이 된 이유는 어디까지나 방역과 위생 때문으로, "파악불가능한 조선인 밀항자들이 일본 영토의 안전을 침범할 수 있다"는 논리였다.[18] 하지만 방역과 위생을 둘러싼 상황의 변화에도 불구하고 한인의 재도일은 계속해서 '불법', 즉 밀항으로 남게 된다. 콜레라로 인해 폐쇄되었던 부산항이 1946년 8월 재개되었고 점차 확산세도 잦아들었지만 1946년 12월 GHQ/SCAP은 여전히 한반도의 상황을 심각하게 바라보는 모순된 내용의 지령을 내린다.[19] 그리고 이 시점이 되면 방역과 위생을 넘어서 범죄 및 치안의 측면에서도 한인의 일본 유입은 우

환선에서 콜레라 환자가 발생한 것으로부터 시작되었다.

16 「蔓延되는 虎疫, 하로 百名식 增加」, 『동아일보』, 1946/06/16.

17 GHQ/SCAP, "〈SCAPIN1015〉 Suppression of Illegal Entry into Japan (1946/06/12)" 国会図書館デジタルコレクション日本占領関係資料: https://dl.ndl.go.jp/info:ndljp/pid/9886118

18 조경희, 「불안전한 영토, '밀항'하는 일상: 해방 이후 70년대까지 제주인들의 일본 밀항」, 『사회와 역사』 106, 2015, p.48.

19 朴沙羅, 前揭書, p.98.

려되고 막아야 하는 현상으로 인식되기 시작하며, 특히 치안과 관련해서는 암시장에서의 각종 범법 행위가 국회나 신문보도를 통해 자주 언급이 되었다.[20] 그리고 이는 1947년 5월 '한인을 외국인으로 "간주"'하는 '외국인 등록령(外国人登録令)'[21]의 시행으로 이어졌으며, 결과적으로 콜레라는 재일한인 사회 전체에 대한 "제재의 논리로 발전"하였다고 볼 수 있다.[22]

한편, 1940년대 후반 들어 한인의 밀항은 냉전과 교차하기 시작한다. 1947년 4.3 발생에 이어 1948년 8월 대한민국, 9월 조선민주주의인민공화국이 수립되고 1950년 6월 한국전쟁 발발에 이르는 과정은 한반도를 비롯하여 동북아 전반에 걸쳐 냉전의 심화를 의미했다. 그리고 냉전의 심화라는 배경 아래 한반도에서 '불법'으로 건너오는 한인의 이동은 "일본 사회에 공산주의를 침투시킬 가능성이 있는 이동으로서, 이전의 전염병, 범죄와는 차원이 다른 위험 요인으로 자리매김"한다.[23] GHQ/SCAP은 일본 점령 종료가 가까워지는 가운데 "반공이라는 시각에서 공산주의자나 파괴 분자의 일본 침입과 배제를 강력하게 [규제]하기 위한 법 정비"를 지향

---

20  上揭書, pp.98-101.

21  일본에 체류하는 외국인의 기본 정보를 등록하도록 정한 칙령이다. 15개 조항으로 구성되며 외국인 등록의 목적 · 대상 · 절차를 포함하는 한편, 위반할 경우 적용되는 벌칙, 구체적으로는 강제 퇴거 · 송환 등을 규정하였다.

22  김정란, 「경계, 침입 그리고 배제: 1946년 콜레라 유행과 조선인 밀항자」, 『해항도시문화교섭학』 25, 2021, p.26.

23  최민경, 「냉전의 바다를 건넌다는 것: 한인 '밀항자' 석방 탄원서에 주목하여」, 『인문과학연구논총』 42(4), 2021, p.200.

했고, 일본 정부는 이와 같은 방향에 맞춰 한인의 일본 출입국 및 체류에 관한 일련의 제도를 정비해 갔는데,[24] 이 과정 속에서 한인의 재도일 또한 더욱 공고하게 밀항으로 만들어져 갔다.

일제강점기와 마찬가지로 해방 직후의 밀항 또한 그 구체적인 양상을 정확히 파악하는 것은 어렵다. 다만 '불법'의 범주에 드는 현상이기 때문에 '불법'을 '단속'한 자료를 통해 어렴풋한 윤곽은 그릴 수 있을 것이다. 1946년부터 샌프란시스코강화조약이 발효되는 1952년까지 일본에 '불법' 입국하여 검거된 사람은 총 45,960명인데, GHQ/SCAP은 이 수치가 전체의 약 50% 정도라고 파악했으며, 기타 여러 자료를 통해 검거자보다 검거되지 않은 사람의 수가 훨씬 많다고 추정되므로,[25] 최소 10만 명 이상의 밀항자가 있었을 것으로 보인다. 도일의 경로나 형식은 일제강점기와 크게 다르지 않아 한반도 남부와 일본 혼슈 서부, 규슈 북부를 이동하였고 브로커의 중개를 통해 발동선을 이용하였다. 해방 공간 밀항 양상의 특이점으로는 4.3을 전후하여 제주인들의 이동이 타 지역 출신자들보다 두드러졌다는 것으로, 제주인들의 경우 제주도에서 직접 출발하는 경우도 있었으나 오랫동안 밀항의 '메카'였던 부산을 거치는 사례도 적지 않았다. 이에 관해서는 제8장에서 추가로 설명하기로 한다.

---

24  金太基, 『戰後日本政治と在日朝鮮人問題』, 勁草書房, 1997, pp.697-705.
25  朴沙羅, 前揭書, pp.88-90.

## 밀항과 재일한인 커뮤니티

여기에서 한 가지 주목해야 하는 점은 일제강점기부터 해방 공간에 걸쳐 대한해협을 가로지르며 이뤄진 '비공식적'인 사람의 이동은 재일한인 커뮤니티와의 공존 속에서 전개됐다는 사실이다. 즉, 제9장에서 살펴볼 오사카(大阪) 이쿠노(生野)와 같이 집주 지역을 중심으로 형성된 재일한인 커뮤니티는 밀항자를 '품는' 공간으로서 기능하였던 것인데, 이는 크게 두 가지 측면으로 나누어 살펴볼 수 있다. 우선 재일한인 커뮤니티는 밀항자에게 있어 '안전'이 확보되는 공간이었다. 대부분의 밀항자는 이미 일본에 거주하고 있는 친인척이나 지인에게 의지하여 도항을 감행한다. 친인척과 지인이 모여 사는 지역 일대는 직접적으로 알지는 못해도 익숙한 고향 사람이 많고 일본어를 사용하지 않아도 되는 공간으로서 밀항자에게 "그 어디보다 '안전한 지대'"가 되기 때문에[26] 이곳에서 체류하는 경우가 많았다.

이와 더불어 재일한인 커뮤니티는 밀항자를 먹고살 수 있게 하는 '생활'의 공간이기도 했다. 여기에서는 밀항 '성공' 직후 친인척과 지인을 통해 당장의 숙식을 해결하고, 시간이 지나면서 일자리를 찾을 수 있었다. 특히 해방 직후의 경우, 오사카 이쿠노의 사례가 대표하듯이 재일한인의 집주 지역에 형성된 암시장은 밀항

---

26    조경희, 앞의 글, p.63.

자의 '생활'에서 매우 중요한 역할을 하였다. 패전 직후 일본에서는 식량 및 생필품의 배급이 이뤄졌는데, 충분치 않고 차등적이었지만 재일한인들 또한 그 대상이었다. 다만 '불법'으로 체류하는 밀항자는 배급의 대상이 아니었기 때문에 이들은 암시장에서 유통되는 물자에 기대어 살 수밖에 없었다. 나아가 암시장에는 교육과 기술 수준이 높지 않고 신분 증명도 어려운 밀항자가 할 수 있는 단순 운반업 등의 일자리도 있었다. 그렇기 때문에 암시장을 중심으로 형성된 재일한인 커뮤니티에서 밀항자들은 불안 속에서도 나름의 일상을 영위할 수 있었다.

밀항자에게 재일한인 커뮤니티가 어떠한 의미를 지녔었는지에 대해서는 문학 작품을 통해서도 자세하게 살펴볼 수 있다. 재일한인 작가 김석범(1925~)의 대하소설 『화산도』가 대표적인데,[27] 『화산도』는 1948년을 전후한 해방 직후의 격동적인 시기, 그중에서도 제주 4.3을 전후한 시기에 초점을 맞춰 "제주도를 중심으로 육지와 바닷길로 소통하는 동아시아적 시좌"를 보여주는 작품이다.[28] 『화산도』의 역사적, 문학사적 의미는 다양한 시각에서 논할수 있겠으나, 이 책에서 주목하고 싶은 바는 민족주의적 시각을 상대화하는 "디아스포라 특유의 월경주의와 글로컬리즘"에 기반

---

27  1965년부터 1997년에 걸쳐 일본어로 집필하였으며, 완결본(총 12권)이 한국어로 번역 출판된 것은 2015년이다.

28  김환기, 「김석범 · [화산도] · 〈제주4 · 3〉: [화산도]의 역사적/문학사적 의미」, 『日本學』 41, 2015, p.11.

한 보편성의 확보라는 측면이다.[29] 그리고 이러한『화산도』에서 밀항은 주요 소재이자 모티브로 기능하며 다음과 같이 실감 나게 묘사된 구절을 곳곳에서 찾을 수 있다.

단조로운 엔진 소리와 파도 소리가 되풀이되는 가운데 배는 끊임없이 앞으로 나아가는 듯했다. 사람들은 모두 잠들어 있는 모양이었다. 아무런 소리도 들리지 않았다. 순간 배가 기울어진다 싶더니 파도가 뱃전을 때리며 부서지는 소리가 나고, 선창의 천정 덮개에 씌운 시트 위로 물보라가 떨어졌다. 서로 붙어 누운 몸들이 어둠 속에서 뒤척이며 움직였으나 배의 요동에 그냥 몸을 맡겨야 한다는 사실을 사람들은 알고 있었다. 이따금 선체의 삐꺽거리는 소리가 들렸다. 그러나 그뿐이었다. 이 소리가 이를 갈듯이 심하게 계속되면 파도에 농락당하면서도 배가 해체되기 직전의 위기에 빠졌다는 공포에 사로잡히게 된다.[30]

나아가 오사카 이쿠노 지역은 "재일한인의 공동체"로서 한인 밀항자가 유일하게 "일본에서 기댈 곳"으로 기능함이 묘사되었다.[31]

---

29 위의 글, p.13.
30 김석범, 김환기 · 김학동 역, 『화산도 2』, 보고사, 2015, pp.357-358.
31 권성우, 「김석범 대하소설 『화산도』에 나타난 장소와 공간의 의미: 밀항, 이카이노, 경성(서울)에 대한 묘사를 중심으로」, 『현대소설연구』 78, 2020, pp.48-53.

오사카의 이카이노에는 제주도 출신자가 많아서, 많은 사람들이 이들에게 의지하러 온다고 합니다. 제주도 현지에서 경찰에게 쫓기거나 하여 탈출해 온 사람들입니다. 그 사람들은 일본까지 건너오는 사이에 밀항선이나 일본 어딘가에 상륙하여 안전한 목적지에 도착할 때까지 심한 고생을 하기 때문에, 그것만으로도 진력이 나서 현지의 일을 거의 이야기하지 않는다고 합니다.[32]

이는 이쿠노를 떠날 때의 밀항자의 심정과도 궤를 같이한다.

잠시만 더 거리를 거닐어 보자. 언제 다시 돌아올 수나 있을지, 오늘이 마지막이 될지도 모르는 이카이노 거리였다. 조국이 아닌 이국땅에서 접하는 조국의 냄새도 오늘로 작별이었다.[33]

이처럼 집주 지역의 재일한인 커뮤니티는 삶과 죽음이 맞닿은 소수자인 디아스포라의 이동을 지탱하는 공간으로서 국경의 경계와 지역의 고유성이 교차하는 곳으로서 이해할 수 있다.

다만 재일한인 커뮤니티가 언제나 밀항자에게 친절한 공간이었던 것은 아니다. 재일한인 커뮤니티의 입장에서 밀항자는 집주 지역으로의 신규 인구 유입을 의미했다. 특히 해방 공간의 상황을

---

**32** 김석범, 김환기·김학동역, 『화산도 6』, 보고사, 2015, p.268.
**33** 김석범, 김환기·김학동역, 『화산도 3』, 보고사, 2015, p.212.

생각해 보면 일본에서 한반도로 한인들이 대량으로 귀환하는 가운데, 밀항은 그것과는 반대가 되는 흐름으로서 재일한인 커뮤니티에 있어 유일하게 '들어오는' 사람의 흐름이었다. 그리고 이렇게 들어온 새로운 인물은 종종 경찰의 검문이나 이웃에 의한 밀고의 대상이 되었다. 한인 집주 지역은 밀항자를 잡기 위해 경찰이 순찰하는 단골 코스였고, 어떠한 이웃은 '낯선' 사람에 대한 경계를 적대적으로 드러냈다. 친인척 및 지인 네트워크가 없는 밀항자의 경우 특히나 취약했으며, 오히려 한인들이 모여 살지 않는 지역으로 숨어 들어가 사는 것을 선택하는 자도 있었다.[34]

---

**34** 조경희, 앞의 글, pp.63-64.

제2부

재일한인의 생활 세계, 해역

# 제4장

# 부산의 산동네와 재일한인

## 해역과 산동네의 교차

부산의 도시 경관을 다른 도시와 비교했을 때, 산복도로(山腹道路)를 중심으로 형성된 산동네는 부산이 지니는 고유한 특징을 가장 잘 나타내는 모습 중 하나이다(〈그림 4-1〉). 산동네는 말 그대로 산에 있는 지리적, 사회적 의미의 공동체를 뜻하며, 이는 독특한 주거 및 생활 문화 양식으로 인해 특유의 장소성(sense of place)을 지닌다. 부산의 산동네는 1차 산업 등 생산 활동을 통해 자연 발생적으로 형성된 "내륙의 산마을이나 산촌과는 전혀 다른 부산 특유의 지리적 조건과 역사적 상황에서 변모해 온 생활 공간"[1]이라고 할 수 있는데, 그렇다면 여기에서 말하는 "부산 특유의 지리적 조건과 역사적 상황"은 구체적으로 어떠한 것일까.

우선 지리적 조건부터 살펴보면 부산은 도시 중간중간에 크

---

1    부산발전연구원 부산학연구센터, 『부산의 산동네: 부산을 읽는 상징적 텍스트』, 부산발전연구원 부산학연구센터, 2008, p.14.

〈그림 4-1〉 부산의 산동네 (필자 촬영)

고 작은 산들이 산재하기 때문에 평지가 극히 적고 외곽으로도 확
장하기 어려운 구조를 지닌 결과, 산기슭이 생활 공간으로 활용된
모습을 보인다. 그런데 부산 산동네의 변천 과정에서 이와 같은
지리적 조건보다 결정적으로 작용했던 것이 바로 역사적 상황이
다. 기본적으로 산기슭이 생활 공간으로 활용된다는 것은 평지처
럼 보다 살기 좋은 생활 공간이 부족한 결과였다. 그리고 급격한
인구 증가는 이와 같은 부족 현상의 주요 원인이었다. 바꾸어 말
하자면, 부산이 역사적으로 경험한 인구 급증 현상이 산동네의 형
성과 전개를 견인한 것인데, 실제 부산은 20세기 전반부터 중반에
걸쳐 인구의 사회적 증가가 현저했다. 이와 관련하여 일반적으로
잘 알려진 사실은 한국전쟁 피난민의 유입에 의한 산동네의 형성

이다. 한국전쟁 발발 직후부터 몰려든 피난민의 수는 수용소의 수용 능력을 훨씬 넘어서는 것이었고, 그 결과 피난민 스스로 산기슭에 삶의 둥지를 틀기 시작했다.

그런데 여기에서 한 가지 주의해야 할 사실이 있다. 한국전쟁 피난민 유입이 부산 산동네의 변천에서 매우 중요하고 극적인 요인이 된 것은 분명하지만, 그 이전 시기, 즉, 일제강점기와 해방 공간에서도 부산 인구의 사회적 증가가 현저한 국면이 있었으며, 산동네의 등장과 형성이 일정 부분 진행되었다는 점이다. 즉, 사회 계층에 따른 거주 공간의 분화, 분절이라는 시각에서 살펴보았을 때, 부산의 산동네는 일제강점기 이래 다양하게 변모하면서도 계속해서 사회 경제적 지위가 낮은 계층의 거주 공간으로 자리매김함으로써 사회 공간의 불평등한 역사를 대변해 왔다.[2] 근현대 부산 인구의 사회적 증가는 결국 여러 시기에 걸쳐 다양한 형태로 이루어진 도시 빈민의 증가였으며, 결과적으로 산동네의 변천 또한 이들에 의해 중층적으로 진행되었던 것이다.

그리고 이렇게 부산의 산동네를 근대와 현대의 연속선상에서 도시 빈민 증가의 결과로 이해한다면, 거기에는 해역(海域)을 통한 이주 현상이라는 공통된 배경이 작용하였음을 알 수 있다. 일제강점기, 구체적으로 1920년대 중반부터 1930년대 초반에 걸쳐 부산

---

2    양미숙, 「1920·30년대 부산부의 도시빈민층 실태와 그 문제」, 『지역과 역사』 19, 2006, pp.203-234; 배미애, 「부산시 거주공간분화의 시대사적 함의」, 『한국 지역지리학회지』 13(5), 2007, pp.477-494.

에는 농촌에서 유리된 후, 일본에 건너가 돈을 벌고자 하는 사람
들이 몰려들었지만, 도항 규제로 인해 대한해협을 건너지 못하고
적체된다. 한편, 해방 직후 부산은 일본은 물론, 중국 남부 지역,
남태평양 등으로부터 한인(韓人) 디아스포라(diaspora)가 귀환하는
귀환항(歸還港)으로 기능하면서 다시 한번 생활 기반이 없는 사람
들의 대규모 유입을 경험한다. 이처럼 부산 산동네의 등장, 형성,
확대에 영향을 준 사회적 인구 증가, 구체적으로는 도시 빈민의
증가는 모두 부산을 둘러싼 근현대 해역 이주 현상에서 단초를 찾
을 수 있다.


### 부산을 통해 고향을 떠나다[3]

일제강점기 대한해협을 건넌 한인들 중에는 한반도 남부 지역
출신이 많았다.[4] 이는 지리적, 사회적 요인으로 인해 농촌-도시-

---

**3**  여기에서는 강제 동원이 본격적으로 시작되기 이전의 한반도로부터 일본으로
의 한인 이주를 중심으로 고찰한다. 강제 동원에 의한 이동도 부산을 통해 이
루어지는 경우가 대부분이었으나, 이 경우 부산은 말 그대로 통과해서 스쳐 가
는 공간이었기 때문에, 이 글에서 주목하는 산동네의 형성에 큰 영향을 주었다
고 보기는 어렵다. 다만, 다음 절에서 살펴보는 해방 공간에서의 산동네의 전
개 과정의 경우, 강제 동원되었던 한인 또한 귀환 동포로서 관련이 있으며, 따
라서 귀환 동포를 일반 도일자와 강제 동원 노무자를 나눠서 분석할 필요도 있
다. 이와 같은 측면은 사료의 발굴, 재해석을 통해 보완되어야 하며 향후 과제
로 삼도록 하겠다.

**4**  1959년 일본 정부의 통계에 의하면 해방 후 일본에 남게 된 재일(在日)한인

일본이라는 이동 경로를 선택하기가 용이하고 현실적이었기 때문이다. 한반도 남부 농촌 지역의 사람들의 입장에서 생각해 보면 1차적인 도시로의 이동은 가장 가까운 부산을 목적지로 선택하는 것이 합리적인데, 부산의 경우, 일제강점기 시작 전부터 도일의 관문으로 기능하였기 때문에 일본으로의 추가적인 이동이 다른 어떠한 도시보다 실현 가능한 곳이었다. 그리고 이러한 지리적 요인의 결과, 이른 시기부터 한반도 남부 지역에서는 여러 가지 이유로 일본에 건너간 사람들이 많아 친족, 동향인들 사이에 인적 네트워크도 형성되어 있었다. 바꾸어 말하자면, 이 지역 사람들에게는 "경성부(京城府)보다 오사카(大阪)나 시모노세키(下關)가 더 가깝고, 아는 사람도 있는가 하면 임금도 높은 상황"[5]이었기 때문에 일본을 이동의 목적지로 선택하지 않을 이유가 없었던 것이다.

그리고 이와 같은 일제강점기 전반의 한반도 남부 지역으로부터 일본으로의 한인 이동 과정에서 부산은 매우 흥미로운 장소로 자리매김한다. 앞에서도 살펴본 바와 같이 부산은 20세기 시작 직후부터 한반도와 일본 사이의 인구 이동의 중심지였고, 여기에는 제2장에서 검토한 부관연락선(釜關連絡船)의 역할이 컸다. 한인들의 도일 수단으로 부관연락선은 거의 독점적인 지위에 있었으며,

---

의 70% 이상이 경상남도, 경상북도 그리고 전라남도 출신이었다(도노무라 마사루, 신유원 · 김인덕 역, 『재일조선인 사회의 역사학적 연구』, 논형, 2010, pp.400-401).

5    위의 책, p.37.

그 결과 일본으로 건너가는 한인들 대부분은 일단 부산에 올 수밖에 없었다. 그런데 여기서 중요한 사실은 일본에 의한 한인의 도일 규제로 인해 부산이 단순히 거쳐 가는 장소 이상의 의미를 지녔다는 것이다. 한인을 대상으로 한 도일 규제는 1919년 여행증명서 제도로 시작되었으며 초기에는 거주지 경찰서에 여행 목적, 지역 등을 신고한 후 발급받은 증명서를 소지토록 하는 정도였는데, 1923년 관동대지진(關東大地震)을 거치면서 한층 강화된다. 이러한 가운데 일단은 부산에 와서 방법을 생각해 보고자 하는 사람들도 적지 않았기 때문에 도일을 희망하는 사람들의 유입 규모는 상상 이상이었다. 무작정 부산에 오는 사람들을 대상으로 한 사기 범죄가 심심찮게 일어났다는 것은 이와 같은 당시 부산의 상황을 대변한다.[6]

이처럼 부산은 일본에 의한 한인 도일 규제가 강화되는 과정에서 농촌에서 유리된 사람들이 유입하여 '머무르며' 대한해협을 건너가는 기회를 '기다리는' 장소가 되었고, 그 결과는 당시 부산의 인구 변화 및 구성을 통해서도 확인할 수 있다. 여행증명서 제도가 시작된 1919년 124,977명이었던 부산의 한인 인구는 1938년 248,335명으로 약 2배 가까이 늘어났으며,[7] 부산의 인구 증가율은

---

6    「渡日勞動者 欺瞞詐取犯 檢擧五千餘件」, 『조선일보』, 1928/09/22.
7    김대래 외, 「일제강점기 부산지역 인구통계의 정비와 분석」, 『한국민족문화』 26, 2005, pp.300-303.

이 시기 전국의 인구 증가율을 항상 상회했다.[8] 나아가 호(戸)당 인구수를 살펴보면 도일 희망 한인에게 부산이 "일본으로 향한 열린 길이기도 하였으나, 한편으로 막힌 길"[9]이기도 했음을 더욱 잘 알 수 있다. 호당 인구수는 인구의 정주성(定住性)을 파악할 수 있는 지표 중 하나인데, 한인의 경우, 부산이 호당 인구수가 전국에서 가장 낮으며 특히 동래군(東萊郡)[10]을 제외할 경우, 그러한 경향은 더욱 두드러진다. 이는 당시 부산의 한인은 농촌을 떠나왔고, 나아가 일본으로 건너가기 위해 체류하는 단신 이주자가 많았음을 말해준다.[11]

그리고 이렇게 대한해협을 건너는 이주의 흐름과 맞물리는 형태, 바꾸어 말하자면 한인 디아스포라의 탄생 과정 속에서 인구의 급격한 사회적 증가를 경험한 부산에는 산동네가 등장하게 된다. 바꾸어 말하자면, 부산 산동네의 등장은 "부산항의 특수 사정으로, 기괴한 현상은 도항 노동자 제지라는 제도가 14년간 계속되어" 온

---

8   위의 글, pp.305-308.

9   박수경, 「식민도시 부산의 이동성 고찰: 부산항을 중심으로」, 『일어일문학』 55, 2012, p.401.

10  1914년 행정 구역 개편에 따라 부산부(釜山府)에서 분할된 지역으로 오늘날의 중구, 동구, 영도구, 서구 일부, 강서구를 제외한 대부분의 지역을 포함한다. 바꾸어 말하자면, 개항기 일본인 거류지였고 일제강점기에 걸쳐 새롭게 개발된 부산역 및 부산항 인근 원도심을 제외한 지역으로 근대 이전 부산의 중심 지역이라고도 할 수 있다.

11  김대래 외, 앞의 글, p.310.

결과라고도 할 수 있다.[12] 그런데 농촌을 떠나 부산에 온 사람들이 처음부터 갈 곳이 없었던 것은 아니다. 우선은 부관연락선 승선을 기다리면서 하숙, 여관 등에 머물렀지만 기다리는 기간이 길어지면서 더 이상 비용을 지출하지 못하고 체류 장소를 잃게 되는 경우가 적지 않았다. 아래의 기사는 이와 같은 상황을 잘 나타낸다.

> 일본 갈 려비를 부산에서 다 쓰고 가지도 오지도 못하고 울고 있다. 근일 부산 각 하숙에는 각쳐로부터 남부녀대로 일본으로 가고자와서 일본에는 건너가지도 못하고 가지고 왔든 려비가 떠러져서 오지도 가지도 못하는 비참한 경우에 바진 사람이 여간 백쳔의 슈에 긋치치 안이하얏는데 (후략)[13]

중요한 점은 이러한 상황에 놓이게 되어도 고향에 돌아가기보다는 부산에 머무르며 일용직 등에 종사하면서 계속해서 도일 가능성을 타진하는 사례가 많았다는 것이다. 이 과정에서 빈민으로 전락한 사람들이 온전한 주거를 확보하는 것은 매우 어려웠고 결과적으로 산기슭에 살기 시작하였으며, 이는 "부산의 시가(市街) 형성상 변태적인 양상을 제공"하였다.[14]

그렇다면 1920년대 중반부터 1930년대 초반에 걸쳐 등장한

---

12  「貧民村 衛生 施設과 流離 勞動者의 구제」, 『동아일보』, 1936/03/25.
13  「釜山에서 號泣하는 勞働同胞의 慘狀」, 『조선일보』, 1924/05/17.
14  문정창, 「日帝時代의 都市形成과 그 特徵」, 『도시문제』 2(8), 1967, p.50.

〈그림 4-2〉「七千餘名이 집중된 魚鱗 같은 山上住家:
찬란한 문화도 그네들에는 무관」, 『동아일보』, 1934년 3월 31일

부산 산동네의 모습은 구체적으로 어떠하였을까. 이와 관련하여 1934년 3월 말부터 4월 초에 걸쳐 『동아일보』에서 진행한 연재 기사, 「7천여 명이 집중된 어린(魚鱗) 같은 산상주가(山上住家): 찬란한 문화도 그네들에는 무관」(총 3회)[15]을 참고 할 수 있다. 이 연재 기사에 따르면 "부산처럼 빈민이 많기는 조선서는 짝이 없다"[16]

---

15  1934년 3월 31일, 4월 1일, 4월 3일에 연재되었다. 영주정 산리를 중심으로 대신정(大新町) 구덕빈촌(九德貧村), 곡정(谷町) 산토막 지대를 다룬다.

16  「七千餘名이 집중된 魚鱗 같은 山上住家: 찬란한 문화도 그네들에는 무관」, 『동아일보』, 1934/03/31.

고 할 만큼 당시 부산의 빈민 문제는 심각했는데, 특히 많은 빈민이 모여 사는 가장 규모가 큰 산동네 영주정(瀛州町) 산리(山里), 즉, 오늘날의 중구 영주동 일대의 모습은 어린, 즉 물고기 비늘과 같다고 묘사되어 있다. 이곳에는 약 1,500호가 모여 있었으며 "험악한 토막과 빠락 집이 층게층게 요리조리 무질서하게 쌓여"[17] 있는 상태로 위생 문제 또한 심각했다. 당시 영주정 산리가 가장 많은 빈민을 품게 된 데는 그 위치가 큰 몫을 했을 것이다. 영주정 산리는 부산의 산동네 중에서도 부산역 및 부산항과 가장 인접한 곳 중 하나로, 도일을 기다리던 사람들의 유입이 물리적으로 용이한 곳이었으며, 부두 등에서 일용직 일자리를 구하는 것이 가능한 곳이기도 했다. 그리고 역설적이게도 그만큼 언제든 떠날 수 있는 곳이기도 했다.

## 부산을 통해 고향으로 돌아오다

일본의 제2차 세계대전 패전은 일제강점기 제국과 식민지라는 비대칭적인 권력 구조 아래에서 이산한 한인의 해방과 귀환을 의미하였다. 1945년 8월 15일 해방 당시 일본을 비롯하여 한반도 외부에 흩어져 있던 한인의 수는 약 500만 명 정도였다고 추정되었

---

17   위의 글.

는데, 이들 대부분은 하루 빨리 고국으로 돌아가고자 했다. 이 중 다양한 국내외 정세로 인해, 그리고 개인의 선택으로 인해 현지에 잔류한 200여만 명을 제외하고 약 300만 명이 세계 역사상 유래 없는 속도로 단기간에 귀환하게 된다. 한인의 귀환은 제국 일본의 붕괴와 국민 국가로의 재편 속에서 일본인, 중국인의 귀환과 동시에 진행되었으며, 이들 흐름 모두 선박을 이용하여 바다를 거쳐 대규모로 이루어졌다는 특징을 지닌다. 그리고 이러한 특징으로 인해 1945년 말 이후 동북아해역에는 여러 귀환항이 지정되었고 이들 귀환항을 통해 다양한 민족이 대규모로 교차하며 이동했다.

이 중 부산항은 귀환 동포 유입의 중심이 된 곳이었다. 한인의 귀환은 기본적으로 연합군 최고사령부(General Headquarters/Supreme Commander of the Allied Powers, GHQ/SCAP), 실질적으로는 미국이 중

〈그림 4-3〉 부산항 부산세관 앞에 모여 있는 귀환 동포
출처: 부산역사문화대전 Webpage

심이 되어 진행하였는데, 공식적인 지령이 나오는 것은 해방 후 두 달 이상이 지난 시점이었다. 그런데 공식적인 지령이 나오긴 전에 이미 재외(在外) 한인은 귀환하기 시작하였으며, 특히 일본으로부터의 한인 귀환은 거의 대부분 대한해협을 사이에 둔 부산을 목적지로 하여 이루어졌다. 가장 먼저 귀환한 것은 강제 동원에 의해 도일한 재일한인이었다. 일본 정부는 GHQ/SCAP의 지침을 기다리지 않고 토목 및 건설업에 강제 동원된 한인부터 귀환시키기 시작했으며, 1945년 9월 중순부터는 부산-하카다(博多), 부산-센자키(仙崎) 항로의 선박 운항을 시작한다.[18] 기존에 대한해협 사이에서 사람의 이동을 도맡아 하던 부산-시모노세키 항로가 전쟁의 영향으로 사용할 수 없게 되자 인접한 지역 항구를 부산과 이어 한인 귀환을 진행한 것이다.[19] 다만, 이 시점에서는 어디까지나 강제 동원 노무자의 귀환이 우선시되었기 때문에 일반 재일한인은 연락선 탑승이 불가능했고, 이 중 일부는 밀항이라는 방법을 동원하여 고국에 돌아갔는데, 이러한 경우에도 부산을 통한 귀환이 대부분이었다.

그리고 1945년 11월 1일 GHQ/SCAP가 공식적인 지령[20]을 내

---

18  鉄道総局業務局長, 「関釜並ニ博釜航路経由旅客輸送ノ件」, 『内鮮関係通牒書類編冊』(アジア歴史資料センター所蔵), 1945, pp.12-14.

19  하카타항은 간몬해협(関門海峡) 건너 있는 규슈(九州) 후쿠오카(福岡)에 위치하고 센자키항은 시모노세키에서 약 70km 북쪽에 자리한다.

20  「비(非) 일본인의 일본으로부터의 귀환(Repatriation of Non-Japanese from Japan)」. 비록 제목은 재일한인을 비롯하여 일본 내 "비"일본인'의 귀환에 국한

놓은 이후부터 부산으로의 귀환 동포 유입은 보다 다양한 지역으로부터 대규모로 진행된다. 일본 이외에 중국 남부 지역, 대만, 남태평양 등지로부터 한인들이 대형 선박을 이용하여 부산으로 귀환하였다. 부산 이외에 인천, 목포 등을 통해서도 한인의 귀환이 이루어졌으나 그 규모는 비교가 되지 않았다. 예를 들어, 1946년 1월 한 신문 보도에 따르면 한인 귀환의 70~80%가 부산항을 통해 이루어졌다.[21] 그리고 이러한 결과, 한인의 대규모 귀환이 대부분 마무리된 1947년 말 현재, 부산항을 통해 귀환한 한인은 약 250만 명에 달하게 된다.[22] 그리고 이들 귀환 동포로 인하여 부산의 인구는 크게 증가한다. 물론, 부산항으로 들어온 귀환 동포 모두가 부산에 머무른 것은 아니며, 대부분은 한반도 동남권의 고향이나 기타 연고지로 돌아갔다.[23] 하지만 일부 귀환 동포의 경우, 여러 가지 사정으로 부산에 남아 생계를 이어갈 수밖에 없는 상황이었으며 그 수는 약 22만 명 정도라고 추정된다.[24]

---

되어 있지만 한인의 귀환과 관련하여 연합군 최고사령부가 내린 최초의 공식적이고 구체적인 지령이었으며(鈴木久美, 『在日朝鮮人の 帰国 政策―1945~1946年』, 緑陰書房, 2017, p.49), 이 지령 이후, 일본뿐만이 아니라 중국 대륙이나 대만의 한인의 귀환도 본격적으로 진행된다는 점에서 의의가 있다.

21 「百萬名 突破 記念式: 釜山埠頭 歸還同胞收容所서 盛大」, 『중앙신문』, 1946/01/14.

22 「釜山府內의 要救護者15萬」, 『민주중보』, 1947/12/24.

23 귀환 동포의 최종 목적지 중, 한반도 동남권, 즉, 오늘날의 경상남북도와 부산 지역이 차지하는 비중은 62.5%에 이른다(최영호, 「해방직후 부산경남지역의 귀환자 원호체계와 원호활동」, 『한국민족운동사연구』 36, 2003, p.14).

24 「釜山府內의 要救護者15萬」, 『민주중보』, 1947/12/24.

결과적으로 부산의 인구는 해방 직후, 약 28만 명에서 1948
년 50만 명을 돌파하기에 이르며, 이와 같은 단기간의 사회적 증
가로 인하여 다양한 사회 문제가 야기되었다. 예를 들어, 1946년 2
월 「곤비(困憊), 기아(飢餓), 여역(癘疫), 범죄(犯罪)로 혼란(混亂)의
감과(坩堝)된 부산」이라는 제목의 신문 기사가 보도된 것만으로도
당시 부산의 상황을 단적으로 알 수 있는데, 특히 주택 문제가 심
각했으며, 이와 관련하여 위에서 언급한 신문 기사는 다음과 같이
보도하였다.

> 그래서 전재 귀환 동포들은 부산역 압해서 초량으로 넘어가는 도로 엽해 소개
> (疏開)호 빌려가 된 곳에 허가업는 토막(土幕)을 직시 시작하여 벌서 도로 좌우
> 가 들어차 잇는 형편이고 시가지 이구석 저구석에 이런 종류의 무러가 토막나
> 무 피개집이 호터저잇서 (후략)[25]

이 신문 기사는 해방 후 약 6개월 정도가 지난 시점의 것으로,
부산항을 통해 들어온 귀환 동포가 인근 부산역과 초량동 일대에
무질서한 형태로 자리를 잡고 생활을 시작하였음을 알 수 있다. 다
만, 이 시기는 중국 대륙, 대만, 남태평양 등 일본 이외 지역으로부
터의 한인 귀환이 막 시작되던 때로, 이후 귀환 동포 유입에 의한

---

25　「困憊, 飢餓, 癘疫, 犯罪로 混亂의 坩堝된 부산」, 『조선일보』, 1946/02/11.

주택 문제는 더욱 심각해져, 노숙자가 다량 발생하기에 이른다.[26]

　이와 같은 상황을 타개하기 위하여 수용소를 설치하고 "극빈 동포 주택"[27]을 만들며 경상남도 농촌 지역으로 개간 이주시키는[28] 등의 시도가 있었으나 상황은 쉽게 호전되지 않아, 1948년 부산부의 4대 사업 중 하나로 귀환 동포의 주택 문제가 자리매김한다.[29] 다만, 실업이나 식량 문제와 달리 주택 문제는 단기간의 해결이 어려웠고 각자도생의 혼란이 이어졌으며, 이 과정에서 산동네에 터를 잡는 사람들이 늘어났다. 앞 절에서 살펴본 바와 같이 해방 이전 이미 부산역 및 부산항에 인접한 지역을 중심으로 산동네가 등장하였는데, 귀환 동포 중 일부도 이 지역에 유입하였다. 제1절에서 언급한 중구 영주동 이외에 중구 동광동, 동구 초량동 등이 대표적이며, 일부 귀환 동포는 이 지역에 일본군이 만들어놓은 방공호 등에 터를 잡기도 했다.[30] 한편, 귀환 동포의 유입에 의한 부산 산동네의 전개는 이전 시기보다 넓은 범위에 걸쳐 이루어져 동구 범일동,[31] 서구 대신동[32] 등을 포함하게 된다.

---

26　「刻一刻 雪風은 襲來 露宿歸同의 飢死는 不免 厚生協會 釜支서 絶叫!」, 『부산일보』, 1946/11/12.

27　「極貧者住宅을 大量建築」, 『경향신문』, 1947/11/06.

28　「戰災民과 失業者 數千名 移住 開墾」, 『조선일보』, 1947/06/11.

29　「政府: 四大事業目標로 全力 傾注」, 『부산일보』, 1948/01/01.

30　「아픈 역사도 문화유산 〈상〉 아직 우리 곁에 있다」, 『국제신문』, 2016/05/19.

31　극빈 상태에 있는 귀환 동포를 수용하기 위한 수용소가 설치되었던 지역으로, 오늘날 귀환동포마을이 조성되어 있다.

32　「戰災民 갈곳 없다 大新洞 住宅問題 善處하라」, 『부산일보』, 1948/12/23.

그런데 여기에서 한 가지 흥미로운 사실은 귀환 동포가 산동
네에서 생활을 시작하게 된 배경에는 절대적인 주택 부족만 있었
던 것은 아니라는 점이다. 물론, 해방 직후부터 시작하여 단기간
에 많은 인구가 부산에 유입된 것은 사실이나, 한편으로 재조일본
인(在朝日本人), 즉, 일제강점기 조선에서 거주하던 일본인 또한 일
본으로 귀환하였기 때문에 그들이 사용하던 주택이 남아 있는 상
태였다. 부산부에서는 이러한 적산가옥(敵産家屋)[33]을 귀환 동포에
게 제공하는 방안을 검토하고 조사하였지만[34] 막상 실행에 옮기
는 것은 쉽지 않았다. 그 이유는 해방 직후의 혼란을 틈타 이미 실
질적으로 점유하고 있는 사람들이 있었기 때문인데, 이러한 상황
에 대하여 지역 신문에서는 아래와 같이 비판적인 논조를 펼치기
도 했다.

> 그러나 정치적 혼란과 아울러 경제적 여부 상태는 이들 귀환 동포들에
> 결코 따사로운 손을 베풀어 주진 않았었다. 토착 동포들은 적산가옥을
> 자기 집을 두고도 이중삼중으로 점령했으며 게다가 사돈 팔촌까지 불러
> 다 살았다.[35]

---

33   일본이 제2차 세계대전에서 패망한 후 일본으로 철수한 재조일본인이 소유하
     고 있던 주택으로, 정부에 귀속 후 일반에 불하되었다.
34   「住宅難 緩和에 曙光: 廣大한 敵産家屋을 開放」, 『부산일보』, 1949/03/31.
35   「그 後의 歸同 (下) 失業者 六割이 歸還同胞 다시금 차자가는 怨讐의 땅」, 『부
     산일보』, 1949/11/22.

즉, 해방 직후 부산 산동네의 전개는 단순히 전적으로 귀환 동포 유입의 결과로서 발생하였기보다 한편으로는 대한해협을 가로지르는 또 다른 방향의 해역 이주 현상의 굴절된 결과이기도 했다. 제국의 붕괴와 더불어 한반도로부터 일본으로 일본인이 돌아가며 생겨난 공간적 '틈'을 차지할 수 있는 기회는 모든 해방된 한인에게 공평하게 주어지지 않았다. 그러한 기회는 시작 시기를 특정 지을 수는 없지만 대부분 부산에 이미 터를 잡고 상대적으로 안정적인 생활을 하고 있던 토착민에게 돌아갔고 식민지 지배 아래에서 이산한 한인들의 경우, 이러한 기회로부터 제외되기 십상이었다. 결과적으로 이들은 나름의 생활 공간을 찾아 부산역과 부산항 주변은 물론 원도심을 중심으로 산기슭에 올라가게 된다.

## 재일한인에서 시작하는 산동네

이 장에서는 기존에 일반적으로 한국전쟁 피난민 유입을 중심으로 논의되어 온 부산 산동네의 역사적 형성 과정을 보다 장기적인 시각에서 근현대의 연속성에 주목하여 살펴보았다. 구체적으로는 1920년대 도일(渡日) 노동자 등에 의해 부산 산동네의 원형이 등장하게 된 배경부터 시작하여, 해방 직후 귀환 동포로 인해 그것이 1차적으로 팽창하는 양상에 대한 고찰이다. 고찰의 결과 한국전쟁이 부산 인구의 사회적 증가, 산동네 확장의 본격적인 국면이었음은 분명하나 보다 긴 호흡에서 부산 산동네의 역사를 되짚는다면 그 원형은 한국전쟁 이전에 이미 형성되어 있었음을 알수 있었다. 그리고 그것은 근현대에 걸쳐 해역 이주 현상과 뒤얽히며 등장, 전개, 확대되어 온 것이었다. 부산은 20세기 초 이미 바다를 통해 한반도에 들어오고 나가는 이주 흐름의 중심이었으며, 부산 인구의 사회적 증가도 이와 같은 해역 이주의 움직임과 매우 밀접하게 관련되어 있었다. 그리고 이러한 해역 이주 흐름을 시작하고 그 중심에 있었던 것은 재일한인이라고 할 수 있다.

정리하자면 근현대 부산은 떠나기 위해 머무는 사람, 떠나지 못한 사람, 돌아온 사람 등을 품어 몇 차례의 인구 급증 국면을 겪었으며, 그 과정에서 산동네는 등장, 형성, 확대되었다. 구체적으로는 1920년대 중반부터 1930년대 초반에 걸친 도일 희망자의 유입, 1940년대 후반의 귀환동포 유입에서 그 형성의 기원을 찾을 수 있으며, 이것이 한국전쟁 피난민 유입으로 인해 확대되었다고 할 수 있다. 즉, 한국전쟁 피난민 유입이 부산 산동네가 오늘의 모습에 이르는 가장 중요한 계기가 되었음은 분명하지만, 이는 부산이 근대와 현대에 걸쳐 경험한 고유의 인구 증가의 역사를 바탕으로 중층적으로 형성되었다. 그리고 여기에서 말하는 고유의 인구 증가의 역사는 부산이 개항 이후 일제강점기와 해방 공간, 그리고 냉전기에 이르기까지 동북아에서 해역 이주의 결절점으로 자리매김한 결과이기도 하다.

이처럼 부산의 산동네를 근현대 전반에 걸쳐 장기적인 시각으로 바라보면 그것은 바다를 통하여 여러 가지 의미에서 경계를 넘나드는 다양한 사람들의 이동과 맞물리는 형태로 역동적인 형성 과정을 거쳐왔음을 보다 명확히 알 수 있다. 부산학은 부산이 지니는 지리적 특수성으로부터 자유로울 수 없으며, 따라서 "이동과 네트워크 그리고 '해역'이라는 공간(성)에 착목하지 않을 수 없다"는 지적[36]이 있다. 바꾸어 말하자면 부산이라는 지역, 로컬은 해역, 구체적으로는 동북아해역을 가로지르는 인문네트워크와의 상호 작용 속에서 초국가성/국가성을 내포하며 형성, 전개되어 왔음을 이해해야 한다는 의미일 것이다. 그러한 의미에서 해역과 산동네를 교차시키는 작업은 해역인문학적 시각에서 부산의 도시 형성의 역사를 재고찰하는 시도임과 동시에 부산의 미래를 생각하는 데 있어서 전제되어야 하는 "부산항을 둘러싼 다양한 이동의 역사 그리고 네트워크의 형성과 변화 및 부산이란 공간 구조에 대한 역사적 탐색"[37]으로서의 의미를 지닌다. 그리고 이와 같은 고찰은 향후 국내외 다른 해역 도시와의 비교 연구를 통해서 보다 이론적, 사례적 함의를 더할 수 있을 것이다.

---

36  서광덕, 「해역네트워크의 관점에서 다시 보는 부산항: 부산 연구를 위한 이론적 시탐(試探)」, 『인문사회과학연구』 21(4), 2020, p.4.

37  위의 글, p.20.

| 제5장 |

# 노동의 공간, 부두

## 기타규슈항과 부두 노동

근대 시기 재일한인의 노동에 관한 연구는 1990년대 이후 본
격적으로 시작되었는데, 관련 연구 동향을 살펴보면 방대한 각종
관련 자료를 정리, 해석하여 이들의 일반적인 노동 양상을 분석한
연구에서 특정 지역, 분야로 검토 대상을 좁혀 재일한인의 노동
세계가 지니는 다양성을 구체적으로 고찰하는 연구로 확장되고
있음을 알 수 있다. 우선, 재일한인의 일반적인 노동 양상을 고찰
한 대표적인 연구로 하명생(河明生), 전기호, 도노무라 마사루(外村
大)의 연구를 들 수 있다. 하명생의 연구는 가장 초기에 이루어진
것으로 일본 노동시장의 수요·공급 구조에 대한 이해를 바탕으
로 재일한인 노동자의 실태를 분석하였고,[1] 전기호의 연구는 일본
자본주의의 특수성이라는 시각에서 재일한인 노동자 계급의 형성

---

1 　河明生, 『韓人日本移民社会経済史: 戦前編』, 明石書店, 1997.

요인과 이에 기인한 노동 쟁의를 살펴보았다.[2] 그리고 도노무라 마사루의 2010년 연구의 경우는 일본 경찰 및 행정 당국, 신문사의 자료뿐만 아니라 재일한인 스스로가 남긴 자료를 활용하여 노동 세계를 포함한 이들의 일상 생활을 폭넓게 재구성하였다.[3]

그리고 최근 들어서는 재일한인의 노동 세계에 관해서는 특정 지역, 분야에 초점을 맞추는 연구들이 현저히 늘어나고 있다. 전반적인 연구 경향을 살펴보면 아무래도 당시 재일한인이 많이 취업했던 분야를 중심으로 구체적인 분석이 이루어지고 있음을 알 수 있다. 우선, 토목 공사 등 건설 현장에서의 재일한인의 노동 세계를 분석한 사례들이 눈에 띈다.[4] 이들 연구는 일본 건설업의 노동력 조직 및 규제의 특징인 중층적인 하청 계약과 인부 청부 구조를 중심으로 그 안에서 한인 노동자가 어떻게 자리매김하였는지를 구체적으로 검토한다. 다음으로 섬유 방직업에 종사한 재일한인에 대한 검토도 국내외에서 이루어지고 있다.[5] 이들 섬유 방직업

---

2    전기호, 『일제시대 재일한국인 노동자계급의 상태와 투쟁』, 지식산업사, 2003.

3    도노무라 마사루, 신유원·김인덕 역, 『재일조선인 사회의 역사학적 연구』, 논형, 2010.

4    카와시마 켄, 「상품화, 불확정성, 그리고 중간착취: 전간기 일본의 막노동시장에서의 조선인 노동자들의 투쟁」, 『아세아연구』 51(3), 2008, pp.54-88; 高野昭雄, 「洛北松ヶ崎地区の近代と朝鮮人労働者」, 『人文学報』 105, 2014, pp.141-159; 김광열, 「관동대지진 이후 일본의 제도(帝都)부흥사업과 한인 노동자: 건축재료 자갈의 공급을 중심으로」, 『한일민족문제학회』 31, 2016, pp.5-52.

5    藤永壯, 「植民地期·在日朝鮮人紡績女工の労働と生活: 大阪在住の済州島出身者を中心に」, 『女性史学: 年報』 22, 2012, pp.16-32; 安田昌史, 「西陣織産業における在日朝鮮人: 労働と民族的アイデンティティを中心に」, 『同志社グロ

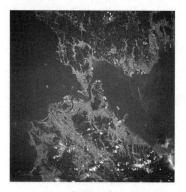

〈그림 5-1〉
간몬해협(關門海峽)의 위성 사진
출처: 위키피디아

관련 연구에는 흥미로운 특징이 하나 있는데 바로 재일한인 '여공(女工)'에 초점을 맞춰 분석을 진행함으로써 젠더 연구로서의 측면을 아울러 갖는 경우가 많다는 것이다.

그리고 이 책에서는 보다 다양한 재일한인의 노동 세계를 그려내는 작업의 하나로 해역(海域) 공간에서의 노동, 구체적으로는 기타규슈(北九州) 지역의 부두 노동에 주목한다. 기타규슈 지역은 재일한인을 탄생시킨 국제적인 인구 이동, 바꾸어 말하자면 20세기 초반부터 시작된 한반도에서 일본으로의 인구 이동에 있어서 매우 중요한 지역이다. 기타규슈 지역은 한반도와 일본을 이은 다양한 항로의 출발 및 도착지이자 경유지였던 시모노세키항(下關港)과 간몬해협(關門海峽)(〈그림 5-1〉)을 사이에 두고 인접하는데, 이는 부관연락선을 타고 와서 시모노세키항에 내린 한인이 더 이상 많은 이동 경비를 들이지 않고 일자리를 구할 수 있는 지역이었음을 말해준다. 이러한 기타규슈 지역의 강점은 이 지역이 야

---

―バル・スタディーズ』6, 2016, pp.95-118; 권숙인, 「일본에 돈 벌러 간 이야기: 1910~20년대 일본 방직산업의 조선여공」, 『한국문화인류학』52(2), 2019, pp.3-45.

하타제철소(八幡製鐵所)[6]로 대표되듯이 일본에 있어서 근대 산업 자본을 확립하는 데 필수 불가결했던 철과 석탄의 집결 지점으로 형성, 발전하였다[7]는 사실로 인해 배가되었으며, 단순 노동자에 대한 높은 수요에 흡수되는 형태로 일본에 건너온 한인은 기타규슈 지역으로 이동하였다.

한편, 기타규슈 지역에서는 지역 기간산업인 광업에서 파생되는 일자리에도 한인의 취업이 특징적으로 나타났는데 그중 하나가 바로 부두에서 석탄을 중심으로 배와 육지 사이의 화물 선적과 하역을 하는 나카시(仲仕),[8] 즉 항만, 부두 노동자의 일이었다. 나카시는 일본의 다른 지역에 거주하는 한인의 직업 구성에서는 좀처럼 찾아볼 수 없지만 기타규슈 지역에서는 광부, 그리고 구체적으로 어떠한 일을 하는지 알 수 없는 일용직 인부 다음으로 많으며[9] 그만큼 이 지역에 거주하던 재일한인의 노동 세계를 종합적으로 이해하기 위해서는 반드시 검토해야 할 부분이다.

기타규슈항(北九州港)[10]은 후쿠오카현(福岡縣) 기타규슈시(北九

---

6    1901년 조업을 시작한 제철소로 일본에서 두 번째로 만들어진 것이었다. 제2차 세계대전 이전 시기에는 일본 철강 생산의 반 이상을 담당하였다.

7    大島藤太郎, 「港湾労働の成立と発展: 門司港の場合」, 『経商論纂』47, 1952, p.1481.

8    항만 시설이 현대화되기 이전 시기에 사용된 용어이다. 현대 일본 사회에 있어서는 차별적인 뉘앙스를 지니는 측면이 있다.

9    福岡地方職業紹介事務局, 『管内在住朝鮮人労働事情』, 福岡地方職業紹介事務局, 1929, pp.35-39.

10   기타규슈항은 전후 항만 통합에 의해 탄생한 것으로 엄밀하게 말하면 근대 시

〈그림 5-2〉다이쇼(大正) 시대 와카마쓰항(若松港)과 와카마쓰역(若松驛)
출처: 위키피디아

州市)에 위치하며 일본 항만법에서 정하는 중요 항만 중, 국제 해
상 수송망 거점으로 특히 중요한 국제 거점 항만(国際拠点港湾)[11]에
포함된다. 오늘날 기타규슈항이라고 칭하는 항만은 모지항(門司
港), 신모지(新門司), 고쿠라(小倉), 도카이(洞海), 히비키나다(響灘)
의 다섯 지구로 이루어져 있는데, 이는 기타규슈항이 1964년 모지

---

기에 사용된 명칭은 아니다. 그러나 이 글에서는 지리적 이해를 돕기 위해 현재
의 명칭을 사용한다.
11  2011년 특정 중요 항만(特定重要港湾)에서 명칭이 변경되었으며 총 18개 항이
지정되어 있다.

항, 고쿠라항(小倉港), 도카이항(洞海港)이 통합하여 탄생하였다는 역사를 반영한다. 즉, 모지항, 고쿠라, 도카이 지구는 과거의 모지항, 고쿠라항, 도카이항에 해당하며 신모지와 히비키나다는 기타규슈항 탄생 이후에 정비된 지구이다. 따라서 근대 이후 기타규슈항의 역사는 모지항, 고쿠라항, 도카이항의 과거를 살펴봄으로써 이해할 수 있으며, 이 중 도카이항은 와카마쓰항(若松港), 도바타항(戸畑港), 야하타항(八幡港)을 총칭하므로 아울러 이들에 대한 검토도 필요하다. 단, 본 연구에서는 기타규슈 지역 석탄의 2대 집산지이자[12] 재일한인 나카시의 존재가 두드려졌던 모지항과 와카마쓰항(〈그림 5-2〉)을 중심으로 기타규슈항의 발전 과정을 살펴보기로 한다.

기타규슈 지역에서 근대 항만의 시작은 당시 동북아의 교통망 발전과 밀접한 관계가 있다. 19세기 후반부터 철도와 기선이 빠르게 보급되기 시작하면서 이들의 동력인 석탄의 수요는 크게 늘어났고 그 결과 일본 최대의 석탄 산지였던 기타규슈 지역은 일본 국내는 물론 상하이(上海), 홍콩(香港) 등으로의 석탄 공급 거점으로 급부상한다. 기타규슈 지역에서도 가장 초기에 정비된 곳은 모지였다. 에도(江戸) 시대까지 모지는 염전이 있는 작은 어촌에 불과했다. 그러나 기타규슈 지역의 다른 곳보다 수심이 상대적으로 깊고 중국 대륙과 가까우며 규슈와 혼슈의 결절점이었던 모지는

---

12  筑豊石炭鑛業組合, 『筑豊石炭鑛業要覧』, 筑豊石炭鑛業組合事務所, 1931, p.112.

석탄 수출은 물론 국내 수송에도 적합하다는 이유로 주목받기 시작했다.

모지항의 본격적인 정비는 1888년에 세워진 모지축항회사(門司築港會社)에 의해 시작되는데 이 회사는 야스바 야스카즈(安場保和)[13]의 주도로 모지항 정비에 필요한 재원을 확보하기 위해 시부사와 에이치(渋沢栄一) 등 재계 주요 인물을 주주로 하여 설립된 것이었다. 모지축항회사의 설립에 이들 재계 주요 인물이 참여한 것은 석탄 집산지로서 모지의 발전성을 확신했기 때문일 것이며, 이는 일본 전국의 근대 항만 정비 사례 중에서도 이례적인 것이었다.[14] 이후 모지항은 1889년 7월 30일 특별 수출항[15]으로 지정되면서 크게 발전한다. 흥미로운 사실은 모지축항회사에 의해 매립 공사가 시작된 직후, 항만이 완성되기도 전에 이미 특별 수출항 지정이 이루어졌다는 것으로, 그만큼 당시 이 지역의 항만 정비의 필요성과 기대감이 높았다는 사실을 알 수 있다.

---

13   1886년 후쿠오카현 현령(縣令)(오늘날의 현지사)으로 부임하였다. 이와쿠라사절단(巖倉使節團)을 수행하여 유럽과 미국을 시찰한 경험이 있었으며 특히 식산흥업(殖産興業)을 위해서는 근대적 교통 인프라 정비가 필수 불가결하다는 측면을 강조했다.

14   稲吉晃, 『海港の政治史: 明治から戦後へ』, 名古屋大学出版会, 2014, p.42.

15   특별 수출항이란 개항하지 않은 항구 중, 당시 일본의 주요 수출품이었던 쌀, 밀, 밀가루, 석탄, 유황 다섯 품목의 산지 근처의 항구를 선정한 것이다. 이들 항구에서는 일본 선박 또는 일본인을 고용한 외국 선박에 의해 위 품목의 수출이 가능했다.

한편, 와카마쓰항은 치쿠호탄전(築豊炭田)[16]의 석탄이 온가가와(遠賀川)와 호리카와(堀川) 운하를 거쳐 일차적으로 모이는 곳으로 에도 시대 이 지역에서 석탄이 발견된 이후 줄곧 석탄 수송, 특히 국내 수송에서 중요한 역할을 해왔으며 메이지(明治) 시대(1886~1912)에 들어서는 이전과는 비교할 수 없을 정도로 대량의 석탄이 흘러들어 왔다. 그러나 모지항과 달리 와카마쓰항은 수심이 매우 얕아 대형 기선의 입출항이 어려워 효율적인 석탄 수송이 불가능했고 이에 1890년 와카마쓰축항회사(若松築港會社)의 설립을 시작으로 근대적 정비가 이루어진다.[17] 와카마쓰축항회사 설립후 와카마쓰항은 수차례의 준설 작업을 통해 대형 기선의 입출항이 가능해졌으며 1897년 야하타제철소의 가동을 시작으로 이 지역의 공업화가 급속도로 진행되면서 더욱 번창한다. 결과적으로 와카마쓰항 또한 1904년 특별 수출항으로 지정되었다.

한 가지 간과해서는 안 되는 사실은 이처럼 모지항, 와카마쓰항을 중심으로 한 기타규슈항의 정비가 철도 부설과 함께 진행되었다는 것이다. 모지축항회사가 설립된 1888년에는 규슈철도(九

---

16  치쿠호라는 이름은 근대 이전 이 지역을 부르던 치쿠젠(筑前)과 부젠(豊前)의 앞 글자를 딴 것이며 탄전은 석탄층이 존재하는 지역을 가리킨다. 치쿠호탄전의 대표적인 탄광으로는 미츠비시광업(三菱鑛業), 미쓰이광산(三井鑛山), 아소탄광(麻生炭鑛) 등이 있다.

17  와카마쓰항의 정비는 이시노 간페이(石野寬平)라는 인물의 주도하에 이루어졌다. 이시노 간페이는 지방 관료 출신으로 일찍이 광산 관련 업무를 맡아 석탄 산업의 중요성을 인식하였으며 그 연장선상에서 석탄 적출항으로 와카마쓰항을 키우려고 하였다.

州鐵道)도 함께 설립되어 1891년에는 모지항과 하카타(博多) 사이에 철도가 운행되기 시작하였다. 그리고 와카마쓰항의 경우 와카마쓰축항회사가 만들어지기 한 해 전인 1889년에는 이미 치쿠호철도(筑豊鐵道)가 설립되어 1891년 와카마쓰항과 치쿠호탄전을 잇는 치쿠호흥업철도(筑豊興業鐵道)가 개통하였다. 규슈철도와 치쿠호흥업철도는 1897년 합병하여 규모를 키우는데, 이들 철도의 존재는 석탄의 해로 및 육로 수송을 효율적으로 연계함으로써 모지항과 와카마쓰항이 지니는 석탄의 국내외 수송 기능을 한층 강화하였다.[18] 그리고 이렇게 철도와 항만의 정비를 통하여 발전하기 시작한 근대 기타규슈항에서는 바다와 육지 사이에서 석탄을 중심으로 각종 화물을 실어 나르는 부두 노동, 나카시의 수요가 크게 늘어나게 된 것이다.

## 근대 일본의 부두 노동

나카시에 대하여 조금 더 자세히 설명하자면 이는 근대 일본에서는 배와 육지 사이의 화물 선적과 하역을 하는 노동자, 바꾸

---

18  이처럼 1900년을 전후로 한 규슈 지역의 개발 과정 자체가 도쿄, 오사카 등 중앙 공업 지대의 동력 자원인 석탄을 수송하기 위한 해륙 시설의 정비 과정이었다고도 할 수 있다(山口大學經濟研究所調査室, 『関門経済史第2輯』, 門司市, 1954, p.3).

어 말하자면 오늘날의 항만 노동자, 부두 노동자에 해당하는 노동자를 가리킨다. 그런데 한 마디로 나카시라고 해도 작업 장소와 화물에 따라 이들의 노동 양상은 다양할 수밖에 없었다. 우선 작업 장소에 따라서는 바다 나카시(沖仲仕 또는 海仲仕)와 육지 나카시(陸仲仕)로 나뉘었다. 바다 나카시는 해상에서 작업을 하는 노동자로 본선과 거룻배 사이의 화물 선적과 하역을 담당하였다. 육지 나카시는 거룻배가 출발, 도착하는 선창 등 육지에서 화물을 선적, 하역하였다. 다음으로 작업 화물에 따라서는 잡화 나카시와 석탄 나카시로 나눌 수 있다. 잡화 나카시는 석탄 이외의 각종 물건, 예를 들어, 밀가루, 설탕, 시멘트, 철판 등의 선적, 하역을 담당하였다. 한편, 석탄 나카시는 말 그대로 철도 등을 통해 실려 온 석탄을 선적, 하역하며 노동 강도는 잡화 나카시 보다 셌다.

한편 나카시의 노동 세계를 이해하기 위해 반드시 검토해야 할 제도가 있는데 바로 구미(組) 제도[19]이다. 구미 제도는 오야가타(親方)라고 불리는 우두머리가 '구미'를 만들고 노동자를 확보한 후 이들을 통괄하여 작업을 하청받는 제도[20]로 근대 일본에 있어서 나카시는 바로 이 구미 제도를 통해 운용되었다. 나카시의

---

19  구미 제도는 부두 노동뿐만이 아니라 근대 이후 일본의 건설토목업 등에서 널리 운용되었다. 다만, 부두 노동의 경우, 기상 조건 등으로 인해 노동력 운용이 다른 분야에 비해 훨씬 더 유동적이었고 그 만큼 구미 제도가 나카시의 생활 전반에 지니는 영향력을 컸다고 할 수 있겠다.

20  喜多村昌次郎, 『日本の港湾労働: 港湾労働の社会史』, 財団法人港湾労働経済研究所, 1990, pp.20-27.

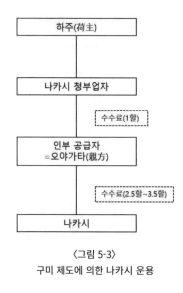

<그림 5-3>
구미 제도에 의한 나카시 운용

하주(荷主)

나카시 청부업자

수수료(1할)

인부 공급자
=오야가타(親方)

수수료(2.5할~3.5할)

나카시

운용이 구미 제도를 기반으로 했던 이유는 날씨, 조류 등의 요인으로 인해 선박의 입·출항 여부, 시간이 매우 유동적이었고 작업량의 변동이 심했기 때문이다. 작업량이 변동이 심하다는 것은 필요한 나카시의 수 또한 수시로 바뀌었음을 의미했다. 따라서 하주(荷主)(무역 회사) 입장에서 보면 화물의 선적과 하역을 위한 노동자를 직접 상시 고용하는 것보다 나카시의 수요에 맞춰 하청업자로부터 노동력을 제공받는 간접 고용이 경영상 이득이었다.[21]

그리고 그 결과 〈그림 5-3〉과 같이 '하주-나카시 청부업자-인부 공급자-나카시'라는 계층적인 질서 속에서 부두 노동은 이뤄졌다. 그런데 이 계층 질서를 조금 더 자세히 살펴보면 나카시 청부업자는 하주로부터 화물의 선적과 하역을 위탁받았지만 직접 나카시를 고용하지는 않았음을 알 수 있다. 나카시를 고용하고 현장에서 작업을 지휘한 것은 나카시 청부업자와 "특정한 '종속 관

---

21  不破和彦, 「港湾労働者の同盟罷業と『組』制度: 明治期·門司港の石炭仲仕の事例」, 『東北大学教育学部研究年報』 23, 1975, p.75.

계'에 있었던 오야가타라고 불렸던 인부 공급자"였다.[22] 즉, 오야가타는 나카시 청부업자로부터 재하청을 받아 나카시를 고용, 이들을 자신의 구미에 속하게 한 후 노동력으로 운용하고 있었던 것이다.

하나의 구미에는 보통 20~50명 정도의 나카시가 속해 있었는데 이들은 노동뿐만이 아니라 생활 전반을 함께하는 집단이었다. 나카시는 오야가타로부터 부두에서의 작업에 필요한 도구는 물론 의·식·주의 대부분을 아주 사사로운 부분까지 제공받았다. 예를 들어 "[나카시는] 큰 방에 뒤엉켜 잤으며, 모기장, 이불, 식기 등을 시작으로 매일의 식사는 물론 짚신, 목욕 비용 등이 주어졌고 가령 일을 쉬는 날일지라도 일용품은 오야가타를 통해서 지급"되었는데[23] 이러한 사실로부터 나카시는 오야가타에게 종속적이고 의존적인 존재일 수밖에 없었다는 사실을 알 수 있다.

그리고 이러한 사실은 나카시의 임금 구조를 통해서도 알 수 있다. 위에서 언급한 '하주-나카시 청부업자-인부 공급자-나카시'라는 부두 노동의 계층 질서에서 가장 상층에 있는 하주는 나카시 청부업자에게 보통 월 2회 화물 선적 및 하역 대금을 지급하는데 이 대금에서 나카시 청부업자는 얼마간의 수수료를 떼고 일

22  木庭俊彦,「戰間期の筑豊石炭産業における港湾荷役: 石炭積込の機械化と港湾荷役業界の再編」,『経営史学』46(4), 2012, p.23.

23  不破勝敏夫,「関門地方の港湾労働事情」, 山口大学経済学部,『創立五十周年記念論文集〔第1〕地方経済編関門経済の研究』, 山口大学経済学部, 1955, p.311.

할(日割)로 인부 공급자, 즉 오야가타에게 지급한다. 그리고 오야
가타는 여기에서 다시 얼마간의 수수료를 제하고 일할로 나카시
에게 지급하며, 각 항구마다 조금씩 차이는 있지만 대부분의 경우
오야가타가 떼는 수수료의 비율이 나카시 청부업자보다 크다. 물
론 의식주와 관련되는 각종 비용은 나카시가 그때그때 오야가타
에게 지불해야 한다. 즉, 오야가타를 거침으로 인해 나카시는 수
중에 들어오는 돈이 크게 줄어들게 되는 것인데 그럼에도 불구하
고 비교적 안정적으로 일거리를 주고 자연 조건을 비롯하여 여러
가지 이유로 인해 일을 할 수 없는 날에도 의식주를 제공하는 오
야가타는 나카시의 생활에 필수 불가결한 존재였다. 한편 오야가
타에게 구미 제도는 자신이 '거두는' 나카시를 일정 규모 확보함
으로써 언제든지 인부를 공급할 수 있다는 장점이 있었다.

## 재일한인 부두 노동의 특징 1: 석탄 운반 중심

앞에서도 언급하였듯이 나카시는 작업 화물에 따라 잡화 나
카시와 석탄 나카시로 나뉘는데 특히 석탄 나카시의 존재는 서일
본 지역, 그중에서도 규슈 지역의 특징이었으며 "번한(繁閑)은 있
지만 일이 아예 끊어지는 경우는 없다"[24]는 설명을 통해서도 알 수

---

24  東京職業研究所, 『現代生活職業の研究: 一名・最新職業案內2版』, 東京職業研
     究所, 1923, p.202.

있듯이 당시 이 지역의 석탄 산업 발전 속에서 필수 불가결한 노동자였다. 한편, 재일한인 나카시는 상대적으로 노동 강도가 센 화물의 선·하적을 담당하는 일이 많았다. 잡화와 석탄을 비교하면 보다 '고된' 선·하적 대상이었던 석탄을 담당하는 재일한인의 비중이 높았고 잡화 중에서는 시멘트처럼 가루가 날리는 등의 이유로 일본인 나카시가 기피하는 화물을 맡는 경우가 많았다.[25] 바꾸어 말하자면 근대 기타규슈항에 있어서 재일한인 나카시는 많은 경우 석탄 나카시였고 일부 잡화 나카시의 경우에도 주로 일본인 나카시의 기피 대상 화물을 담당하였다고 할 수 있겠다.

그렇다면 석탄 나카시로서 재일한인의 노동 양상은 어떠했을까. 1929년 후쿠오카현의 조사에 따르면 당시 모지와 와카마쓰에 있던 재일한인 석탄 나카시의 수는 각각 203명과 518명이다. 나카시라는 직업의 특성상 이·퇴직이 매우 빈번하여 정확한 수를 파악하는 것도 전체 석탄 나카시 중 재일한인이 차지하는 명확한 비중도 알기는 어려우나 당시 이 지역에서 한인 석탄 나카시의 존재감은 여러 가지 의미에서 작지 않았다.[26] 예를 들어 한인은 석탄 나카시의 재편 과정에서 일본인에 비해 고용을 유지하는 경우가

---

**25** 福岡地方職業紹介事務局, 『管内仲仕労働事情、出稼ぎ女工に関する調査』, 福岡地方職業紹介事務局, 1927, p.18.

**26** 1920년대 후반, 모지항과 시모노세키항을 포함한 간몬(関門) 지역 전체 부두 노동자 중 한인의 비율은 20%을 넘었다(小野俊彦, 「門司港の朝鮮人港湾労務者: 主体になり損ね、暴力を記憶する」, 『立命館言語文化研究』19(2), 2007, p.129.)

많았다. 모지항과 와카마쓰항이 석탄 적출항으로 성장하면서 석탄 적재, 운반, 정리의 기계화에 대한 요구는 높아졌으며 이를 위한 노력의 결과 석탄 나카시의 수는 점차 줄어들었다. 그러나 석탄 나카시 중 먼저 해고된 사람들 중에는 일본인의 비중이 높았으며 한인은 "임금의 저렴함과 더불어 바다 나카시로서 내지인[일본인] 이상으로 수완이 있어" 해고되지 않는 경우가 많았다고 한다.[27]

한인 석탄 나카시는 대개 해상에서 작업을 하였고 석탄 가래질, 선적된 석탄을 고르게 하는 일을 맡았다. 이들의 노동 시간은 선박의 입출항에 좌우되었기 때문에 일정하지 않았지만 보통 바다 나카시는 5시간 내외, 육지 나카시는 7시간에서 9시간 정도로 노동 강도가 센 바다 나카시가 상대적으로 짧다. 그리고 바다 나카시의 경우 기상 조건 등으로 인해 일을 할 수 없는 날이 육지 나카시보다 많았다. 한 달을 기준으로 했을 때 바다 나카시가 육지 나카시보다 2, 3일 일을 적게 했다. 일반적인 노동 일수는 바다 나카시는 20일, 육지 나카시는 22, 23일 정도였다. 노동 시간과 일수가 유동적인 만큼 한인 석탄 나카시의 소득 또한 일정하지 않았으며 단편적으로 파악할 수 있을 뿐이다. 예를 들어 모지항의 특정 나카시 청부업자 아래의 오야가타가 운영하는 구미에 소속된 한인 석탄 나카시의 경우 월수입이 22에서 23엔 정도였는데 이 중

---

27   福岡地方職業紹介事務局, 前揭書, 1929, p.57.

오야가타에게 매일 식비 등으로 45전을 지불했기 때문에 순수하게 수중에 들어오는 돈은 8, 9엔에 그쳤다. 단, 노동 일수가 최대 23일밖에 되지 않았기 때문에 소속한 구미에서 일이 없는 경우는 다른 구미의 일을 임시로 하면서 10엔에서 15엔 정도의 수입을 보충하는 것이 일반적이었다.[28] 즉, 한인 석탄 나카시의 월수입은 20엔 전후였다고 할 수 있겠다.

그런데 앞에서 이미 언급하였듯이 한인 석탄 나카시의 존재감이 컸던 이유 중 하나는 일본인 나카시에 비해 상대적으로 적은 임금으로 고용할 수 있었기 때문이었다. 그렇다면 그 격차는 어느 정도였을까. 후쿠오카현이 1927년 실시한 조사에 따르면 일본인과 조선인을 포함한 일반적인 모지항 나카시 노동자의 월수입은 평균하여 40엔 전후였다.[29] 즉, 오야가타에게 지불하는 식비 등 경비, 노동 일수, 다른 구미의 일을 통한 수입 보충이 유사하다고 했을 때 조선인 나카시의 임금과 평균 임금과의 격차는 거의 50%에 육박하였으며,[30] 따라서 단순하게 계산한다면 일본인 나카시와의 임금 격차는 그 이상이었음을 알 수 있다. 그리고 이는 같은 시기 다른 직업에 종사하는 재일한인보다도 현저히 낮은 수준이었다. 우선 같은 지역의 탄광에서 일하는 한인의 경우 대부분이 갱내에서 작업을 하였는데 이들의 평균 월수입은 36.23엔에서 41.73엔

---

**28** 上揭書, p.58.

**29** 福岡地方職業紹介事務局, 前揭書, 1927, p.21.

**30** 이 점은 다음 연구에서도 동일하게 지적한다. 小野俊彦, 前揭文, p.129.

정도로 석탄 나카시의 2배 전후의 소득이 있었다.[31] 공장 노동자가 많은 도쿄 거주 재일한인의 경우 평균 월수입은 63.71엔에 이르러 더욱 격차가 컸다.[32] 즉, 근대 시기 기타규슈항에서 석탄 나카시 노동에 종사했던 재일한인은 일본인은 물론 전체 재일한인과 비교했을 때도 상당히 궁핍한 생활을 할 수밖에 없었던 것이다.

## 재일한인 부두 노동의 특징 2
### : 구미 제도로부터의 일탈

앞서 살펴보았듯이 근대 일본에 있어서 부두 노동의 가장 큰 특징 중 하나는 구미 제도에 의한 노동력의 운용이었다. 하주로부터 나카시로 이어지는 계층적인 구조 속에서 특히 오야가타와 나카시의 관계는 특수한 것이었다. 노동력 운용 자체만을 두고 봤을 때 오야가타와 나카시는 서로 협조적인 관계라고도 할 수 있다. 나카시는 오야가타로부터 비교적 안정적으로 일자리를 알선받고 오야가타는 하주 및 나카시 청부업자의 요구에 맞춰 언제든지 제공할 수 있는 노동력을 확보한 것이다. 그러나 오야가타는 나카

---

31  福岡地方職業紹介事務局, 前揭書, 1929, pp.105-110. 탄광 노동의 경우 성과급 제도에 기반하여 임금 지불이 이루어졌기 때문에 광산마다 편차가 크다. 여기에서 제시하는 수치는 평균적인 것이라고 보면 된다.

32  東京府学務部社会課, 『在京朝鮮人労働の現状』, 東京府, 1929, p.108.

시의 생활 전반에 걸쳐 막대한 영향력을 미쳤고 둘의 관계는 결코 대등할 수 없었다. 특히 나카시 중에는 "떠돌이가 많고 지방에서 뒤이어 의지하여 모인 자"가 많았기 때문에[33] 기본적인 의식주와 일거리를 동시에 제공해 주는 오야가타의 존재는 절대적이었을 것이다. 즉, 구미에 속한다는 것은 단기적으로는 오야가타에게 지불하는 수수료 등으로 수입이 적을 수 있지만 장기적으로는 나카시에게 최소한의 안정적인 생활을 보장했다고 할 수 있다.

그런데 모든 나카시가 구미 제도에 편입되었던 것은 아니다. '방 나카시(部屋仲仕)'[34]라고 불리는 구미 소속 나카시 외에 '부랑 나카시(浮浪仲仕)'라고 하는 소속이 불명확한 나카시도 있었다. 부랑 나카시는 이른바 일용직 인부이다. 오야가타는 인부 공급 요청을 받으면 자신의 구미에 속한 나카시를 우선 현장에 보냈지만 부족할 경우에는 부랑 나카시를 추가로 모았다. 부랑 나카시는 부두 노동의 수요에 따라 오야가타를 통해 하루 단위로 현장에 보내졌기 때문에 보다 작업 유무가 유동적이고 강도가 센 해상 작업 담당, 즉, 바다 나카시로 배정되는 일이 많았다. 그리고 부랑 나카시의 경우 계절에 따라 일자리를 얻을 수 있는 가능성이 크게 차이가 났다. 상대적으로 석탄 수송량이 적은 여름에는 부랑 나카시는

---

**33**    東京職業研究所, 前掲書, p.202.

**34**    여기서 말하는 '방'은 의사(疑似) 가족의 생활 공간을 말하며 공동 생활을 영위하고 있음을 나타낸다. 유사하게 일본의 전통 씨름, 스모(相撲) 선수들 또한 '방'에 속해서 활동한다.

일을 얻지 못할 가능성이 높았고 따라서 이들은 얼음 장사, 청소일, 과일이나 야채의 운반 등 다양한 일에 종사했다.[35] 한편, 부랑 나카시의 경우 의식주와 관련된 일체의 비용은 스스로 부담해야 했다. 흥미로운 사실은 부랑 나카시와 일반 나카시를 비교했을 때 수중에 직접 들어오는 돈은 전자가 더 많았다는 것이다. 대신 부랑 나카시의 경우 일을 구하지 못하였을 때 의식주의 위험부담을 스스로 떠맡는 형태였다고 할 수 있다.

그리고 바로 이 부랑 나카시 중에 한인의 비중이 상대적으로 높았다.[36] 농촌에서 유리되어 도일(渡日)한 한인 대부분은 일본에서 단기간에 확보, 활용 가능한 인적 네트워크가 거의 없었고 이들이 할 수 있는 일이란 매일 아침 부두에 나가 남는 일자리를 기다리는 일뿐이었다는 사실을 생각하면 당연하다고도 할 수 있겠다. 뒤에서 사료(각주 37)를 확인하겠지만 부랑 나카시로 일을 시작한 한인 중에는 오야가타의 눈에 띄어 구미에 소속하는 경우도 있었다. 하지만 대부분의 경우는 그렇지 못하고 매우 불안정한 노동 및 생활 구조 속에 놓여 있었으며 예상컨대 최소한의 이동 자금을 모으면 기타규슈항에서 벗어나 다른 지역으로 이동, 다른 업종에 종사하는 경우가 많았을 것이다.

그리고 이 장에서 살펴본 한인 나카시의 노동 세계를 집약적

---

**35**   福岡地方職業紹介事務局, 前揭書, 1927, p.8.

**36**   上揭書, pp.5-6.

으로 나타내는 기술이 『관내 나카시 노동 사정, 돈벌이 여공에 관한 조사(管內仲仕勞働事情, 出稼ぎ女工に関する調査)』에 다음과 같이 있다.

> 조선인 노동자는 애초에 부랑 나카시로 이 지역에 모여 있었지만, 바다 나카시 작업에 있어서 내지(內地) 노동자가 따라잡을 수 없을 정도의 성적을 내는 사실이 밝혀지면서 방[구미]에 수용하게 된 것이다. (중략) [조선인은] 전혀 동일 대우를 받는 것이 아니라 바다 나카시 작업을 보아도 석탄 가루가 많이 있는 구역에서 무심하게 일하는 것을 환영받는 상태이다.[37]

즉, 당시 한인 나카시는 석탄 나카시로서 그리고 부랑 나카시로서 존재하는 경우가 많았으며, 부랑 나카시의 비중이 높다는 것은 그만큼 바다 나카시의 일을 하는 경우가 많았다는 사실을 말해준다. 그리고 이러한 점에 비추어 볼 때 일반적으로 부두 노동은 불안정성과 유동성이 높다는 특징을 지니지만 근대 시기 기타큐슈항에 있어서 재일한인 나카시의 경우 그 정도는 일본인 나카시에 비해서도 매우 컸다고 할 수 있다.

---

37    上揭書, p.7.

| 제6장 |

# '똥굴 동네'에서 '리틀 부산'으로

## 재일한인 로컬리티의 다양화

　제1부에서 살펴본 해역 교통망을 중심으로 '이동성'에 초점을 맞추는 작업은 재일한인 로컬리티의 다양성을 확보한다는 측면에서도 의미가 있다. 오늘날 재일한인 연구의 새로운 경향 중 하나는 이들을 하나의 균질한 집단으로 바라보지 않고 내부의 다양성에 주목한다는 것으로, 지역이라는 요소도 그중 하나이다. 즉, 지역마다 나타나는 재일한인 커뮤니티 고유의 역사, 경제, 사회 문화적 특성, 로컬리티(locality)에 초점을 맞추는 시각이라고도 할 수 있겠다. 다만 이와 같은 시각에서 진행된 대부분의 기존 연구는 공통적으로 특정 지역(오사카(大阪), 가와사키(川崎) 등)을 분석 대상으로 삼고 있다는 점에서 원래 의도했던 내부의 다양성을 살린 재일한인의 로컬리티가 온전히 고려되고 있다고 보기는 힘들다. 그러나 해역(海域)에 눈을 돌려 해역 교통망과 '이동성'에 주목한다면 새로운 지역을 '발견'하여 이러한 기존 연구의 한계를 일정 부분

극복할 수 있다.

　그리고 이와 같은 측면에서 보았을 때 이 장에서 주목하는 시모노세키(下關)는 중요한 사례이다. 시모노세키는 이 책의 거의 모든 장에 등장하였다는 사실에서도 알 수 있듯이 해역인문학적 시각에서 재일한인을 이해하는 데 있어 필수 불가결한 지역이다. 시모노세키는 부관연락선(釜關連絡船)의 기점으로서 일제강점기부터 적지 않은 한인들이 이동, 정착하였다는 역사를 지니며, 나아가 1945년 이후의 공식적/비공식적 해역 교통망의 재건 과정 속에서 다른 집주 지역과는 차별화된 로컬리티를 보여왔다. 하지만 그럼에도 불구하고 관련 연구는 많지 않아, 시모노세키의 재일한인에 관한 선행 연구를 살펴보면 국내의 경우 거의 전무한 반면, 일본에서는 사회학 및 민속학 분야에서 일부 연구가 진행되었다. 대표적으로 와다 기요미·노재원(和田淸美·魯ゼウォン)과 시마무라 다카노리(島村恭則)의 연구를 참고할 수 있는데, 두 연구 모두 해방 이후 시모노세키의 재일한인사, 커뮤니티의 전개 과정을 고찰한 연구로, 전자의 경우 지방 창생(地方創生)[1]과 도시의 지속 가능성을 모색하기 위해 시모노세키의 고유성에 착목하는 차원에서 분석이 이뤄졌다.[2] 한편, 후자는 일상 속 민속학을 추구하며, 지역

---

1　도쿄(東京) 집중 현상과 지방의 인구 감소를 막기 위한 국토 균형 발전론적 관점의 일련의 정책 및 기본 방향성을 말한다. 2014년 '지역·사람·일자리 창생 본부(まち·ひと·しごと創生本部)'가 설치되고 지방 창생 장관이 임명되면서 본격적으로 추진되기 시작했다.

2　和田淸美·魯ゼウォン, 『海峽都市·下関市の生活世界: 交流·連携, 在日コリア

성(토착성), 역동성, 비공식성, 창발성(創發性)이라는 측면에 초점을 맞춰 시모노세키 재일한인의 생활 세계를 살펴보았다.[3]

이들 연구는 오사카, 가와사키 등을 중심으로만 이뤄져 온 로 컬리티적 관점에서의 재일한인 연구를 보다 다양화했다는 데 있 어 의의가 있음은 분명하다. 그러나 한편으로는 시모노세키라는 지역이 지니는 고유의 발자취, 그중에서도 해역 교통망과 '이동성' 의 의미에 대해서는 충분한 고찰이 이뤄지지 않았다는 한계를 지 닌다. 특히 시모노세키 재일한인이 걸어온 특징적인 역사를 이해 하는 데 있어서는 부관연락선 '이후'가 더욱 중요하다는 사실을 간과한다. 부관연락선은 제국 일본의 패망과 함께 운항을 멈췄지 만, 이후 한반도와 일본 사이의 바닷길, 구체적으로는 부산과 시 모노세키 사이의 바닷길은 공식적, 비공식적 채널을 통해 다시 이 어졌고, 이렇게 해역 교통망이 재건되는 과정에서 시모노세키는 다른 지역과 차별화되는 재일한인의 로컬리티를 지니게 되었기 때문이다. 즉, 바닷길을 통한 귀환과 끊이지 않았던 밀항의 흐름, 그리고 부관훼리 운항에 이르기까지 공식적/비공식적 채널을 넘 나들며 재건된 해역 교통망의 존재는 시모노세키 재일한인의 로 컬리티에 큰 영향을 미친 것이다.

ン, まちづくり』, 学文社, 2020.

3    島村恭則, 『民俗学を生きる: ヴァナキュラー研究への道』, 晃洋書房, 2020.

## 시모노세키의 재일한인과 '똥굴 동네'

시모노세키는 재일한인의 이주 초기 단계부터 유입이 두드러졌던 지역이다. 여기에는 시모노세키가 부관연락선의 기점이라는 점도 작용하였지만 일대의 주요 산업 중 하나였던 석탄업에서 노동자 수요가 많았기 때문이다. 부관연락선을 타고 시모노세키에 도착한 한인들 대부분은 후쿠오카(福岡), 오사카(大阪), 멀리는 도쿄(東京) 등 대도시로 재이동하였지만 일부는 시모노세키에 남아, 강제 동원이 시작되기 이전부터 일대의 주요 산업 중 하나였던 석탄업의 탄광 노동자로 일하는 경우가 많았다. 그리고 그 결과 1920년대 중반에는 이미 도시 안에 집주 지역이 탄생하기에 이른다. 재일한인의 집주 지역은 '통네(トンネ)', 즉 '동네'라고 불렸으며, 거주자의 공간 인식을 반영하여 5개의 지구로 나눌 수 있는데,[4] 그중 근현

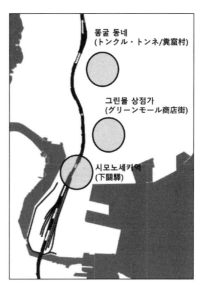

〈그림 6-1〉
시모노세키 내 재일한인 집주 지역

---

4    島村恭則, 前揭書, p.133.

대에 걸쳐 연속성을 보이며 전개해 온 곳은 크게 2개 지구이다.

우선 가장 역사가 긴 곳은 시모노세키역 북쪽 구릉지에 형성된 '동네'로 일명 '똥굴 동네(トンクル·トンネ/糞窟村)'라 불리는 곳이다. 이 지역은 20세기 초반부터 시영 화장장과 묘지, 형무소 등이 자리했던 곳으로 결코 일반적인 주거지라고는 할 수 없고 일본인은 기피하는 공간이었다. 하지만 아이러니컬하게도 그렇기 때문에 오히려 재일한인의 유입이 가능하고 용이했다. '똥굴 동네'라는 이름은 오랫동안 상하수도 시설이 정비되어 있지 않은 지구라 위생 상태가 열악했기 때문에 붙여졌으며, 재일한인은 그럼에도 불구하고 이곳에 자리를 잡고 살아갔다. '똥굴 동네'에는 학교가 만들어졌고, 사찰, 교회 등 재일한인을 위한 종교 시설[5]도 운영되었다. 재일한인은 이곳에 거주하며 암시장에서의 밀주 장사, 양돈, 고철 수집 등을 통해 생계를 이어갔다.

한편, 해방 이후 시모노세키는 귀환과 밀항의 흐름이 교차하며 재일한인의 증가가 두드러진다. 재일한인의 귀환에는 전쟁 과정에서 크게 파손되고 주변에 많은 기뢰 및 어뢰가 설치된 시모노세키항 대신 인근의 센자키항(仙崎港)과 하카타항(博多港)이 주로 이용되었다. 연합군 최고사령부(General Headquarters/Supreme Commander Allied Powers, GHQ/SCAP)는 센자키-부산, 하카타-부산 항로에 과거 부관연락선으로 운항했던 선박, 고안마루(興安丸)와

---

5   재일본대한기독교시모노세키교회(在日本大韓基督教下關教會), 광명사(光明
    寺) 등이다.

도쿠쥬마루(德寿丸)를 각각 투입했는데, 특히 귀환 초기에는 센자키항으로의 쏠림이 두드러졌다.[6] 이는 하카타항이 간몬해협(関門海峽) 건너 있는 규슈(九州) 후쿠오카에 위치하는데 반해 센자키항은 시모노세키에서 약 70km 북쪽에 자리하여 접근성이 좋았기 때문이라고 보인다. 부산-센자키를 운항했던 고안마루는 정원이 1,750명이었으나 많을 때는 8,000명에서 9,000명을 태웠다. 심지어 센자키항은 규모가 매우 작아 고안마루가 직접 접안할 수 없었으므로 어선, 기범선 등까지 동원되어 이들을 잔교에서 배로 실어 날랐다. 밤새 귀환자들을 승선시킨 고안마루는 아침 6시에 센자키를 출발하여 오후 3시에 부산에 도착하였다.[7]

그런데 재일한인의 귀환 과정은 선박 부족 등으로 결코 순조롭지 못했고, 그 결과 많은 재일한인은 귀환선을 기다리며 일상을 이어나가야 했다. 특히 시모노세키로 모여든 한인들은 시모노세키역 인근부터 시작하여 철도 선로를 따라 판잣집을 지어 임시 거처로 사용했다. 그리고 여느 다른 도시에서도 그러했듯이 시모노세키의 재일한인도 암시장에서의 경제 활동을 시작하였다. 패전한 일본에서는 GHQ/SCAP이 통제 경제 정책을 펼쳤고, 암시장은 그러한 가운데 암암리에 등장, 기능하였다. 암시장은 어디까지나 일

---

6    최영호, 「日本의 敗戰과 釜關連絡船: 釜關航路의 歸還者들」, 『韓日民族問題研究』 11, 2006, p.249.

7    日本国有鉄道広島鉄道管理局, 『関釜連絡船史』, 日本国有鉄道広島鉄道管理局, 1979, p.117.

본인이 중심이 되어 만들어진 공간이었지만 귀환 과정이 지체되면서 재일한인 또한 이곳에 뛰어들었다. 재일한인 대다수는 단순 노동자였고 충분한 교육을 받은 경우는 극히 적었기 때문에 다른 선택지는 많지 않았을 것으로 보인다.[8] 게다가 시모노세키의 경우 특히 귀환을 하려는 한인들이 대규모로 몰려든 결과, 매우 이른 1945년 9월경부터 시모노세키역 주변에 이들을 대상으로 한 암시장이 형성되었다. 당초 재일한인은 구매자에 불과했으나 귀환선을 기다리는 기간이 길어지면서 점차 판매자로도 활동을 하게 된다.[9]

그 결과 이 암시장을 중심으로 또 하나의 집주 지구가 형성되었고 시모노세키의 재일한인들 중 일부는 여기에 가게를 내고 모여 살았다. 〈그림 6-1〉에 '그린몰 상점가(グリーンモール商店街)'라고 표시되어 있는 일대로 '그린몰 상점가'에 대해서는 뒤에서 자세하게 설명하도록 하는데, 다른 지역의 재일한인 집주 지역과 유사하게 시모노세키에서도 암시장을 중심으로 이들의 커뮤니티가 형성된 사례라고 볼 수 있다. '똥굴 동네'에 사는 재일한인 입장에서는 시모노세키역 인근에 가게가 있다는 것은 성공한 사람이라는 의미를 가졌기 때문에 이를 동경하고 이루기 위해 노력하는 사람이 많았다.[10]

---

8    박미아, 『재일조선인과 암시장: 전후(戰後) 공간의 생존서사』, 선인, 2021, p.21.

9    위의 책, p.77.

10   和田清美・魯ゼウォン, 前揭書, p.137.

## 해역 교통망의 재구축과 보따리 장수: 부관훼리

귀환의 흐름이 어느 정도 마무리된 후, 한반도와 시모노세키를 잇는 해역 교통망은 밀항이라는 비공식적인 형식을 제외하고는 단절된다. 그러나 반세기 가까이 대량의 사람과 화물을 이동케 했던 항로인 만큼 매우 이른 시기부터 재건을 바라는 의견이 많았다. 특히 1950년 한국전쟁이 발발하고 전쟁 특수로 한일 간 화물 수송량이 크게 늘어나자 시모노세키에서는 부관 항로 재개 운동이 일어났다.[11] 이후 한국전쟁 휴전 직전에는 '시모노세키부관항로 재개기성회(下關關釜航路再開期成會)'가 조직되기도 하나, '평화선' 문제 등으로 인해 답보 상태가 이어졌다. 변화가 일어난 것은 이 승만 정권 퇴진 이후로, 시모노세키에서는 대한해협을 잇는 교통 망의 주도권을 후쿠오카, 즉, 하카타항에 빼앗길 수 없다는 지역 사회의 의지가 강했고, 과거와 같이 국철(國鐵)[12]이 운항하는 방식을 고집하지 말고 민간 해운 회사에게도 기회를 주자는 목소리도 나왔다. 하지만 이와 같은 시모노세키 지역 사회의 움직임에도 불구하고 실제 정기 항로를 재개한 것은 후쿠오카 소재 규슈우선주식회사(九州郵船株式會社)[13]였다. 규슈우선주식회사는 1961년 11월

---

11  시모노세키가 위치하는 야마구치현(山口縣) 의회에서는 1950년 10월 '부관 항 로 기지에 관한 결의(関釜航路基地に関する決議)'를 채택한다.

12  일본국유철도법(日本國有鐵道法)에 따라 국유 철도를 운영했던 공기업으로 1949년 설립되어 1987년 해산하였다.

13  1920년 설립된 해운 회사로 후쿠오카를 거점으로 규슈 북부와 이키(壱岐) 및

하카타-부산-시모노세키를 잇는 삼각 항로를 4일 간격으로 운항하기 시작하였다. 다만 운항된 선박은 300톤급에 머물러 일제강점기 부관연락선의 규모에는 크게 미치지 못했다.

결국 이와 같은 상황에 근본적인 변화가 찾아온 것은 1965년 한일 국교 정상화 이후가 된다. 1967년 시모노세키 시장에 당선된 이카와 가쓰미(井川克己)는 원래 수산 회사를 경영했고 해운업계에도 인적 네트워크를 지닌 인물로 취임 직후부터 부산과 시모노세키 간 항로 재개에 적극적으로 나섰다. 한편 한국 측에서도 경제 성장 속도를 높이기 위해 대미(對美) 의존도를 낮춘다는 차원에서 일본과의 무역이 차지하는 의미가 중요하다는 인식을 공유한 상태였으며, 이에 1967년 주일 한국 대사가 취임 직후 이례적으로 시모노세키를 방문하여 힘을 싣는다. 그리고 이후 시모노세키시와 부산시가 실질적인 협의를 진행하는 과정에서는 재일본대한민국민단(在日本大韓民國民團) 야마구치현 본부장이 중간 다리 역할을 하게 되며, 1968년 시모노세키시와 부산시가 함께 구성하는 '부관 항로 개설 합동 전문 위원회' 개최를 통해 본격적인 취항 준비를 시작한다. 구체적으로는 한일 양국에 각각 민간 회사(관부 훼리주식회사/부관훼리주식회사)를 설립하고 훼리를 공동 운항하여 수익도 공동 계산하는 형식으로 결정되었다.

그리고 드디어 1970년 6월 16일 부산항에서의 출항을 시작하

---

대마도를 연결하는 항로에 특화되어 있다.

면서 25년 만에 부산과 시모노세키, 나아가 한일 간 바닷길이 부관훼리를 통해 공식적으로 이어지게 된다. 부관훼리는 카페리였기 때문에 '바다의 하이웨이'라는 별칭이 붙었으며, 한 신문 기사에서는 부관훼리의 첫 취항을 "현해탄(玄海灘)의 새 가교(架橋)"라 표현했다.[14] 물론 부관훼리 운항을 마냥 긍정적으로 바라보는 의견만 있었던 것은 아니다. 부관연락선이

〈그림 6-2〉「玄海灘의 새架橋 釜關페리 오늘 첫就航」,『조선일보』, 1970년 6월 16일

라는 "민족의 애환"과 역사의 짐을 짊어진 부관훼리가 "대등한 독립국"의 입장에서 양국의 공동 이익과 생산적인 교류에 도움이 되는 형태로 운영되어야 한다는 조심스러운 의견도 있었다.[15] 이와 같은 배경 속에서 운항을 시작한 부관훼리에는 당초 일본 선적 페리 '페리 관부(フェリー関釜)'만 투입되었고,[16] 콜레라 유행, 8·15 저

---

14 「玄海灘의 새架橋 釜關페리 오늘 첫就航」,『조선일보』, 1970/06/16.

15 「玄海灘은 警戒한다」,『조선일보』, 1970/06/16.

16 일본 선적으로는 초대 '페리 관부'에 이어 1976년, 1984년 제2대와 제3대 '페리 관부'가 취항했고, 1998년부터는 오늘날에 이르는 하마유(はまゆう)가 운항 중이다. 한국 선적으로는 1983년과 1999년 제1대, 제2대 '페리 부관', 2002년부

〈그림 6-3〉 부관훼리 (상: 성희호, 하: 하마유)
출처: 위키피디아

격 사건 등의 여파로 운항 실적이 좋지 않았으나 1976년 부산시와 시모노세키시의 자매결연 체결 등을 배경으로 1970년대 후반 이후 실적을 회복하기 시작하여 증감을 반복하면서도 지속적으로 성장한다.

그리고 이렇게 다시 재건된 해역 교통망은 시모노세키를 거점으로 한 재일한인, 그중에서도 보따리 장수의 이동성을 크게 높였다. 부관훼리가 취항하기 이전, 규슈우선주식회사가 선박을 운항했을 때도 재일한인들은 고향 방문을 하며 일본에서 의약품, 라디오 등을 선물 형식으로 가져가 부산의 시장에 파는 경우가 종종 있었다.[17] 하지만 부관훼리 운항이 시작되어 보다 편리하고 수익을 많이 낼 수 있게 되면서 보따리 장수 일에 뛰어드는 재일한인이 크게 늘어나게 된다. 이들은 대부분 여성이었으며, 주로 취급했던 상품을 살펴보면 1970년대에는 일본에서 한국으로 의류, 화장품 등 생활 잡화가 건너가고 반대로 한국에서는 보석, 양주 등이 일본으로 넘어갔다. 이후 1980년대부터 1990년대에 걸쳐서는 일본의 전자 제품(전기 밥솥, 헤어 드라이어, 면도기 등)이 한국에 들어왔고 반대로 한국에서는 의류, 식료품(라면, 김, 옥수수차 등)이 일본으로 건너갔다.[18]

---

터는 현재의 성희호가 운항 중이다.

**17** 島村恭則, 前揭書, p.145.

**18** 井出弘毅,「ポッタリチャンサ: 日韓境域を生きる越境行商人」,『白山人類学』12, 2009, pp.59-60.

재일한인 보따리 장수는 첫째, 한국과 일본에 상품을 유통하는 점포가 없는 개인 상인이고, 둘째, 판매처가 개인이 아니라 소매상에 한하며, 셋째, 관세 부과를 피하기 위해 상품을 선상에서 '사용한 물건'으로 바꿔버린다는 점에서 특징적인 행동 패턴을 보였다. 예를 들어 시모노세키에서 부산에 가져갈 물건을 매입한 보따리 장수는 시모노세키항에서 저녁에 출발하는 부관훼리를 타고 하룻밤을 배 위에서 보내며, 승선 중 상품의 포장을 없애버리거나 간소화하여 세관 통과에 대비한다. 다음 날 이른 아침 부산에 도착하면 부산항에 나와 있는 중개상에게 상품을 팔고 국제시장에 가서 일본에 가져갈 것을 산다. 그리고 다시 오후에 부관훼리를 타고 대한해협을 건너 시모노세키로 향한다. 시모노세키에 도착하면 중개상에게 상품을 넘기기도 하고 직접 아는 가게에 가져가 팔기도 하며, 이후 다시 부산에 가져갈 상품을 매입하는 일이 반복된다.[19]

## '리틀 부산'의 탄생

부관훼리를 이용한 재일한인 보따리 장수의 증가는 시모노세키 재일한인 커뮤니티에 적지 않은 변화를 가져왔다. 우선 이

---

19  島村恭則, 前揭書, pp.147-148.

들 보따리 장수의 거주지를 보면 시모노세키와 그 인근 지역인 경우가 대다수였지만 일부는 히로시마(廣島)나 오사카, 고베(神戶)에 사는 사람들도 있었다. 이들은 시모노세키의 재일한인 집주 지역에 방을 빌려놓고 그곳을 거점으로 활동하였기 때문에[20] 거주지 통계로는 잡히지 않지만 지역 사회 전반에 재일한인의 유동 인구가 늘어나는 결과를 초래했다. 그러나 이보다 근본적인 변화는 보따리 장수가 실어 나르는 물건에 의해서였다. 앞서 설명하였듯이 부관훼리를 이용하는 재일한인 보따리 장수가 부산에서 거점으로 삼는 공간은 국제시장이었던 반면, 시모노세키에서는 시모노세키역 동쪽 출구에 인접한 '그린몰 상점가'였다.[21] '그린몰 상점가'는 앞서 설명한 '똥굴 동네'의 재일한인이 동경했던 또 하나의 집주지구로 해방 직후 암시장이 형성되었으나 1960년대부터 도시 계획의 일환으로 정비가 이뤄졌고 1976년 '그린몰 상점가'라는 이름이 붙여졌다.

'그린몰 상점가'는 원래부터 재일한인의 점포가 많았던 데에 더해 보따리 장수들에 의해 실시간으로 부산에서 한국 상품이 건너오다 보니, 그러한 상품을 원하는 사람들이 추가로 모여들었으며, 그 결과 시모노세키 속 한국이라는 고유의 장소성을 갖게 된다. 그런데 오늘날 '그린몰 상점가'에는 '리틀 부산(リトル釜山)'이

---

20    上揭書, p.146.

21    和田清美·魯ゼウォン, 前揭書, p.152.

라는 별칭이 붙여져 있다. 그렇다면 '그린몰 상점가'는 어떠한 경위로 '리틀 부산'이 된 것일까. 왜 '코리아타운'이 아니라 '리틀 부산'인 것일까. 이 질문에 대한 기본적인 답은 앞에서 살펴본 부관훼리의 존재에서 찾을 수 있다. 부산과 시모노세키를 잇는 바닷길이 실어 나른 사람과 물건이 지닌 역사적, 현재적 의미를 담아 일반적인 코리아타운이 아닌 부산을 전면에 내세운 공간으로 자리매김하고 있는 것이다.[22]

홍미로운 사실은 그와 같은 자리매김이 시모노세키시의 도심 재생 사업과 맞물려 진행, 강화되었다는 점이다. 시모노세키시는 1990년대 들어 시모노세키역을 중심으로 한 도심부의 인구 감소 및 고령화가 급격하게 진행되었고 소매업을 중심으로 사업장 수, 매출액도 지속적으로 줄어드는 상황이었다. 이를 타개하기 위해 시모노세키시에서는 2000년 '중심 시가지 활성화 프로그램(中心市街地活性化プログラム)'을 책정하였는데, 여기에서 가장 중요시되었던 측면은 '해협의 도시, 움직이는 도시(海峡の街·動く街)'라는 '시모노세키다움(下関らしさ)'을 살리는 것이었다. 구체적인 시책은 '시모노세키다움'을 찾아내고 구현화하기 위한 내용으로 구성되었으며, 시모노세키역 주변 지구는 중점 사업 대상 중 하나였다.[23] '중심 시가지 활성화 프로그램'은 시모노세키상공회의소(下関商工

---

22  「グリーンモール商店街」, グリーンモール商店街 Webpage(https://greenmall.jp/).
23  山口県下関市, 『下関市中心市街地活性化基本計画』, 山口県下関市, 2009, pp.29-32.

会議所)가 타운 매니지먼트 기관(TMO)이 되어 진행하였으며, 그 과정에서 '그린몰 상점가'를 코리아타운으로 만들자는 의견이 나왔다.

'그린몰 상점가'는 1975년 오카야마(岡山)-하카타 구간의 고속 철도 개통과 함께 시모노세키역 주변 토지 구획 정비에 따라 거리의 폭이 넓어지면서 새 단장을 하고 1976년 기존의 거리 이름에서 '그린몰 상점가'로 거듭났다. 하지만 바로 이듬해 인근에 대형 쇼핑몰이 들어서면서 타격을 입게 되었고, 이후 도심 공동화 과정 속에서 함께 쇠퇴한다. 시모노세키상공회의소가 '중심 시가지 활성화 프로그램'의 일환으로 '그린몰 상점가'를 정비하는 데 있어서 발견한 '시모노세키다움'은 재일한인의 존재와 이들이 대한해협을 오고 가며 실어 나른 문물, 그리고 그에 기반한 경제 활동이었다. 시모노세키상공회의소의 기본적인 구상은 '그린몰 상점가'를 마치 한국 여행 시 방문하는 재래시장처럼 만들어, 편하고 저렴하게 한국 물건을 쇼핑할 수 있도록 하는 것이었으며 이를 통해 중심 시가지 활성화를 이루고자 했다. 물론 이처럼 한국을 전면에 내세우는 구상에 반대하는 의견도 적지 않아, '아시아 타운'으로 구상을 변경했던 국면도 있었다. 하지만 결국 '시모노세키다움'을 고민하였을 때 내세울 수 있는 부분은 한국, 특히 부산과의 네트워크였기 때문에 '리틀 부산'으로의 특성화로 이어지게 된다.

'리틀 부산'으로의 특성화는 '중심 시가지 활성화 프로그램'이 시작되고 약 10년이 흐른 시점에서 일정 부분 성과가 있었던 것으

〈그림 6-4〉 부산문(釜山門)
출처: 위키피디아

로 보인다. 시모노세키시는 '그린몰 상점가'가 '리틀 부산'이라는
콘셉트를 통해 스스로의 매력을 잘 발산하고 있으며 시외 지역으
로부터의 방문객을 끌어들이는 효과가 있다고 평가했다.[24] 한편,
'리틀 부산'이 이렇게 자리 잡을 수 있었던 데는 당시 영화 〈쉬리〉,
드라마 〈겨울연가〉 등을 통해 일본에서 시작된 한류 열풍, 2002년
한일 월드컵 공동 개최가 적지 않은 영향을 미쳤다. 한국 문화에

---

24    上揭資料, p.41.

대한 전반적인 관심이 고조되면서 한류 스타 굿즈를 비롯하여 한국 음식, 잡화에 대한 수요가 늘어났고, 그 결과 실시간으로 한국 물건이 들어오는 '그린몰 상점가'를 방문하는 사람의 수가 증가했기 때문이다. 그리고 이러한 평가의 영향을 받아 2009년 추가 정비가 이뤄졌으며, 2011년에는 시모노세키시와 부산시의 자매도시 결연 35주년을 기념하여 한국 전통 양식의 '부산문(釜山門)'이 '리틀 부산'의 상징물로 건립되기에 이른다(〈그림 6-4〉).

제3부

해역인문네트워크와 재일한인

# 제7장

# 바다를 건넌 재일학도의용군

## 모국의 의미를 묻다: 한국전쟁

제3장에서 살펴보았듯이 해방 후 얼마 지나지 않은 시점부터 재일한인(在日韓人)은 냉전의 소용돌이에 휘말리게 되었는데, 이는 특히 재일한인 민족 단체의 분열이라는 형태로 두드러지게 나타났다. 제국 일본의 붕괴는 당초 재일한인에게 모국으로의 귀환을 의미했고 그 결과 많은 수의 사람들이 한꺼번에 다시 대한해협을 건너고자 했으므로 혼란이 불가피했다. 귀환 과정의 혼란 자체도 문제였지만 그것이 결코 원활하게 진행되지 않았기 때문에 대부분의 재일한인은 당장 생활 문제에 직면할 수밖에 없었다. 그리고 이와 같은 문제들에 대응하기 위하여 일본 각지에서 재일한인의 자조(self-help) 조직들이 우후죽순으로 만들어졌다. 그런데 이렇게 만들어진 자조 조직은 그 수는 많았으나 구심력이 약하다는 한계가 있었고, 이에 제기된 것이 전국 조직의 필요성이었다.

그리고 이와 같은 상황 인식은 1945년 10월 재일본조선인연

맹(在日本朝鮮人連盟)(이하, 조련)의 발족으로 이어졌다. 조련은 단기간에 오키나와(沖繩)를 제외한 일본 내 모든 지역에 지부를 설치하는 등 조직화에 힘썼다. 하지만 조련의 실권을 마르크스주의자(공산주의자)들이 잡으면서 반공주의자들은 발족 직후부터 이탈을 시작하여 1946년 10월 새로운 단체를 조직하기에 이른다. 이것이 오늘날 재일본대한민국민단(在日本大韓民國民團)으로 이어지는 재일본조선거류민단(在日本朝鮮居留民團)(이하, 민단)이었다. 즉, 해방 후 1년이 조금 지난 시점에서 재일한인 사회는 당시 한반도의 상황을 투영하듯이 양분되어 버린 것이다. 귀환하지 않고 일본에 남은 재일한인들은 일본에서의 생활을 '당분간' 이어나갔지만 어디까지나 한반도의 상황이 주 관심사였다. 이들은 한반도에서 일어나는 정치적 움직임, 그중에서도 어떠한 형태로 새로운 국가가 건립될지에 대하여 예의주시하였다.

그리고 결국 1948년 8월과 9월 각각 대한민국과 조선민주주의인민공화국이 성립됨에 따라 재일한인 사회의 분단도 고착화되었다. 민단은 이름을 재일본조선거류민단에서 재일본대한민국재류민단으로 바꾸었고 대한민국 정부도 민단이 재일한인의 유일한 공인 단체라는 입장을 밝혔다. 한편, 조련 또한 북한과의 관계 강화를 모색했는데, 이와 동시에 일본 국내 공산당 세력과의 연결도 긴밀하게 유지하였다. 결과적으로 조련의 이러한 움직임은 일본을 동아시아에서의 반공의 보루로 삼고자 했던 연합군 최고사령부(General Headquarters/Supreme Commander of the Allied Powers, GHQ/

SCAP)를 자극하여 1949년 9월 해산에 이르게 된다. 다만 이 시점에서 분열된 재일한인 사회, 민족 단체가 대한민국 및 북한과 구축한 관계는 어디까지나 실체를 동반하지 못한 상태였으며,[1] 따라서 매우 추상적인 모국의 이미지를 바탕으로 한 것이었다.

이러한 가운데 재일한인 사회는 큰 변곡점을 맞이한다. 바로 한국전쟁의 발발이다. 1950년 6월 25일 한반도에서 전쟁이 시작되었다는 소식이 전해지자 재일한인 사회도 크게 동요하였다. 민족학교 폐쇄 등 민족 차별 문제에 대하여 협력적인 관계를 유지하기도 했던 민단과 조련이었지만 한국전쟁 발발 이후에는 극심한 분열과 대립만이 남게 되었다.[2] 이는 추상적인 존재였던 모국이 하루아침에 구체적인 모습으로 다가왔기 때문이었다고 할 수 있는데, 그것은 위기에 처해 존망의 기로에 선 모국의 모습이자, 서로를 적대시하는 두 개의 모국의 모습이기도 했다. 한국전쟁은 재일한인으로 하여금 "나고 자란 땅과 그곳의 문화에 대한 애착이 아니라 국가에 대한 의식"을 명확하게 가지도록 만들었다.[3] 바꾸어 말하자면, 한국전쟁은 냉전 구도 아래, 이들에게 모국의 의미는 무엇인지, 그리고 대립하는 두 개의 모국 중 어느 편을 지지할 것인지를 묻는 역사적 사건이었다고 할 수 있다.

---

1    도노무라 마사루, 신유원·김인덕 역, 『재일조선인 사회의 역사학적 연구』, 논형, 2010, p.475.

2    김귀옥, 「분단과 전쟁의 디아스포라: 재일조선인 문제를 중심으로」, 『역사비평』 91, 2010, p.77.

3    도노무라 마사루, 앞의 책, p.476.

## 재일학도의용군의 결성

한국전쟁으로 인한 재일한인 사회의 분열은 즉시 가시화되었다. 구 조련 계열 단체들은 다시 재일조선통일민주전선(在日朝鮮統一民主戰線)(이하, 민전)⁴을 결성하여 합법적인 집회 개최는 물론 일본 공산당 세력과 함께 한국으로의 군수 물자 수송을 저지하는 등 반미 투쟁도 불사했다. 한편 민단에서도 개전과 거의 동시에 행동에 나섰는데, 특히 개전 직후부터 한국의 열세가 두드러졌기 때문에 위기감이 컸다. 우선 6월 27일 민단 중앙 본부는 한국으로의 무기 원조와 북한에 대한 국제적인 공동 군사 행동을 요구하는 요청서를 맥아더(Douglas MacArthur) 사령관에게 제출하였고, 이어 7월 2일에는 전국 단장 회의를 개최한다. 그리고 이 회의에서는 다음과 같은 내용을 결의하게 된다. 반공 기금 조성, 구호 물자 모집, 그리고 의용군 파견이었다.

흥미로운 사실은 의용군 파견은 7월 2일에 열린 회의에서 처음 나온 이야기가 아니라 이미 6월 말 민단 산하의 학생 및 청년 조직에서 의용군 모집, 파견을 결의하고 움직이기 시작한 상태였다는 것이다. 한국학생동맹(韓國學生同盟)(이하, 한학동)과 조선건국촉진청년동맹(朝鮮建國促進靑年同盟)(이하, 건청)이 그 중심에 있었고, 오사카(大阪)와 같이 재일한인이 많이 모여 사는 지역에서는

---

**4**　1955년 재일본조선인총연합회(在日本朝鮮人總聯合會), 즉, 오늘날의 조총련이 결성되면서 해산한다.

자체적으로 의용군 모집 접수를 시작한 곳도 있었다. 7월 2일의 결의는 이러한 움직임을 민단 중앙 본부 차원에서 정식으로 결정하는 절차였던 것이다. 그리고 7월 5일에는 민단, 한학동, 건청이 '재일본 한국 민족 총결기 민중 대회'를 열어 다시 한번 의용군 모집을 공동으로 결의하였으며, 실제 이를 추진하기 위하여 '재일본 한교(韓僑) 자원병 임시 사무소'를 설치한다.

그런데 재일한인에 의한 의용군 모집, 파견은 한국 정부와 충분한 의견 교환을 바탕으로 시작된 것은 아니었다. 따라서 모집이 시작된 이후, 주일대표부(駐日代表部)[5]를 통해 본국의 의사를 물어볼 필요가 있었다. 그리고 한국에서 돌아온 답은 GHQ/SCAP과 잘 상의하여 정하라는 냉담한 내용이었고, 이에 대한 GHQ/SCAP의 의견은 당장의 의용군 파견은 반대하나 지원자 명단의 보관은 권한다는 것이었다. GHQ/SCAP 입장에서는 민단에 의한 의용군 모집과 파견이 북한측을 자극하여 동일한 움직임을 만들어내 혼란을 가중시킬 수 있다고 판단한 것이었다. 그리고 이러한 한국 정부 및 GHQ/SCAP의 의견은 이승만 대통령 이름의 전보로 민단 중앙 본부에 전해졌다. 전보는 구체적으로 "무기가 모자라서 걱정이지 지금 본국(本國)에는 애국장정(愛國壯丁)들이 얼마든지 남아 돌아가고 있는 실정이니 그 뜻은 가상(嘉尙)하나 재일교포는 그대

---

5    1965년 한일 국교 정상화 이전 일본에 두었던 대한민국의 재외 공관을 말한다.

로 각기 가업(家業)에 충실할 것"[6]이라는 내용이었고, 이는 모국을 위해 싸우고자 하는 의지를 불태우던 재일한인들에게 실망감을 안겨주기에 충분했다.

이렇게 중단되는 것처럼 보였던 재일한인 의용군의 모집 및 파견은 1950년 8월 말 예상치 못한 곳에서부터 다시 움직이기 시작한다. 그것은 GHQ/SCAP의 요청 때문이었다. GHQ/SCAP은 주일대표부에게 가까운 시일 내 진행될 한국 해안을 통한 상륙 작전을 도와 통역과 길 안내를 담당할 1,000명 정도의 한국 출신 '요원' 모집을 요청한다. 당초 재일한인 의용군에 대하여 회의적인 입장이던 GHQ/SCAP이 갑자기 태도를 바꾼 것은 한국전쟁에 투입할 미군 병력이 매우 부족했기 때문으로 보인다.[7] 주일대표부는 GHQ/SCAP의 요청을 한국 정부에 전했고, 이에 대하여 이승만 대통령은 즉시 수락하도록 지시했다. 그리고 8월 31일 주일대표부와의 협의를 거쳐 민단의 각 지방 본부 및 지부에서는 다시 의용군 모집을 공식적으로 시작한다. 재일학도의용군의 탄생이다. 의용군 지원자의 대부분은 대학생들로 재일한인 커뮤니티 내에서는 엘리트층에 속하는 사람들이었다. 이들은 건강 검진을 마친 후 도쿄에 모여, 제1진 78명(9월 8일)을 시작으로 몇 차례에 나뉘어 도쿄(東京) 북쪽의 사이타마현(埼玉縣) 아사카(朝霞)에 있는 미군 기지

---

6    강노향, 『駐日代表部』, 동아PR연구소출판부, 1966, p.124.

7    金賛汀, 『在日義勇兵帰還せず』, 岩波書店, 2007, pp.23-25.

로 보내졌다.[8]

그런데 이들이 미군 기지에 도착하면서 몇 가지 문제가 표면화한다. 앞에서 설명하였듯이 애초에 GHQ/SCAP이 주일대표부에게 요청한 바는 병사가 아니라 '요원', 특히, 영어로 의사소통이 가능하고 한국 지리에 밝은 자들의 모집·파견이었다. 그러나 실제 의용군으로 모집된 재일한인의 경우, 대부분이 영어로 대화하는 것이 어려웠고 모국인 한국에는 가본 적도 없는 2세라 길 안내가 불가능했던 것이다. 이는 기본적으로 혼란스러운 전시 상황 속, 재일학도의용군의 신분, 처우에 대하여 한국 정부, 특히 실무를 담당했던 주일대표부와 GHQ/SCAP 사이에 정확한 약속 없이 주먹구구식으로 모집과 파견이 진행되었기 때문이었다.[9] 재일학도의용군을 실제 마주한 미군은 기대했던 역할을 이들에게 맡길 수 없다는 사실을 인지하였고, 그 결과 미군 소속으로 배치할지 아니면 한국군 소속으로 배치할지에 대해서도 정확한 기준을 세우지 못한 채, 이후, 전황에 따라 유동적으로 처리하게 된다.

---

8   규슈(九州) 지역 재일한인이 많았던 제4진과 제5진의 경우, 오이타현(大分縣) 벳푸(別府)의 미군 기지로 보내졌다.

9   어떠한 협의가 이루어졌는지 정확히 알 수 없으며 특히 "일본이 미군정의 지배에서 벗어나 주권을 회복했을 때, 어떻게 할 것인가"에 대한 합의가 없었다. 강노향, 앞의 책, p.113.

## 재일학도의용군 참전과 그 전개

미군 기지에 도착한 재일학도의용군은 간단한 개인 기록 작성, 영어 시험, 신체 검사, 예방 접종을 거친 후, 제식 훈련을 받았다. 본격적인 군사 훈련은 거의 이루어지지 않았다고 봐도 좋은데 이는 GHQ/SCAP이 재일학도의용군을 어디까지나 '요원'으로 간주하였기 때문이었다. 일례로 이들이 받은 인식표에는 군번이 기입되어 있지 않았다. 다만 이와 같은 스스로의 신분을 재일학도의용군이 충분히 이해하고 있었던 것 같지는 않다. 이들은 점차 강도 높은 훈련을 받을 수 있고 결국에는 전투원으로서 북한군과 싸울 수 있을 것이라 기대했다. 하지만 재일학도의용군은 미군 기지에서 오래 머무르지 못하고 바다를 건너게 된다.

제1진의 경우, 미군 기지에 온 지 4일째 되는 날 밤, 이동 명령을 받았다. 버스를 타고 도착한 곳은 도쿄 남쪽에 있는 요코하마(橫濱)로 이곳에서 군용 수송함에 승선하였는데, 목적지에 대한 정보는 일절 주어지지 않았고, 명령이 있을 때까지 갑판에 나오는 것도 금지되었다. 이 수송함은 요코하마를 떠나 4일 후인 9월 16일 인천 앞바다에 도착하였다. 이날은 인천상륙작전의 바로 다음날로 후속 부대를 실은 함선이 인천항에 가득한 상황이었다. 이후 재일학도의용군은 11월까지 제5진에 걸쳐 총 642명이 한국전쟁에 참전하게 되었으며, 각각의 출발지, 도착지, 배속 등은 다음과 같다(〈표 7-1〉).

〈표 7-1〉 재일학도의용군 규모, 이동 경로, 배속[10]

| 차수 | 규모 | 출발지 | 도착지 | 배속 | 기타 |
|------|------|--------|--------|------|------|
| 제1진 | 78명 | 요코하마항<br>(橫濱港) | 인천항 | 미군 제3병참기지 | |
| 제2진 | 266명 | 요코스카항<br>(橫須賀港) | 인천항 | 미군 제3병참기지 | |
| 제3진 | 101명 | 요코하마항<br>(橫濱港) | 인천항 | 미군 제7사단 | |
| 제4진 | 52명 | 고쿠라항<br>(小倉港) | 원산항 | 미군 제3사단 | 정식 훈련 후, 미군<br>인식표와 군번 부여 |
| 제5진 | 145명 | 사세보항<br>(佐世保港) | 부산항 | 한국 국군 제9사단 | |

〈표 7-1〉에서 알 수 있듯이 재일학도의용군은 하나의 부대로 결성된 것이 아니라 여러 곳으로 나뉘어 배속받았으며, 신분 또한 차이가 있었다. 이는 앞에서 설명한 것처럼 주일대표부와 GHQ/SCAP 사이에서 재일학도의용군의 역할 등에 대하여 의견 조율, 합의가 이루어지지 않았고 전황이 수시로 바뀐 데서 기인하였으며, 결과적으로 재일학도의용군의 처우 문제 그리고 이들의 삶 전반에 많은 혼란을 가져온다.[11]

예를 들어 제3진, 제4진, 제5진의 경우, 각각 미군과 한국 국군

---

10　"재일학도의용군 역사", 재일학도의용군 나라사랑기념관 Webpage(http://www.koreansvjmemo.or.kr/history/kwar).

11　金贊汀, 前揭書, p.49.

에 배속을 받아 실제 전투에 투입된다. 제3진 같은 경우 미군 제7사단에 배속되어 인천에서 부산으로 이동하였고 그곳에서 1주일 정도 사격 훈련 등을 받은 후 원산 및 이원(利原) 상륙 작전(1950년 10월)을 수행하며 북진에 참여하였으나 중공군 개입으로 장진호 전투(1950년 11월~12월) 등에서 많은 희생을 치르기도 했다.[12] 제4진은 미군 제3사단에 배속되어 곧바로 제3진에 이어 원산 상륙 작전에 투입되었는데, 이들은 기본적으로 위생, 통신, 병참 등 후방을 담당하였다. 다만 이후 1·4 후퇴로 인해 해로(海路)를 통해 부산으로 철수하여 다시 백마고지 전투를 치르게 된다. 제5진은 유일하게 한국 국군으로 배속된 재일학도의용군이다. 이들은 부산에서 국군 제2훈련소에 입소하여 훈련을 마친 후, 제9사단 소속으로 금화(金化) 지구 전투 등을 수행하였다.

한편, 제1진과 제2진은 전투 부대에 배속을 받지 못하고 경기도 부평(현재 인천시 부평구)의 미군 제3병참기지에서 경비, 탄약 운반 등의 업무를 하였다. 그리고 이와 같은 상황은 모국을 지키겠다는 일념으로 바다를 건너온 재일학도의용군에게는 당연히 불만스러운 것이었다. 이들은 추가적인 군사 훈련과 이후의 전투 투입을 계속해서 요구하였으나 받아들여지지 않았고, 신분도 '요원'이라는 애매한 상태가 이어졌다. 변화가 일어난 것은 1950년 10월

---

12 미군 제7사단에 배치된 재일학도의용군 중 83명이 전사하였다. "주요 참전 전투 및 전적지", 재일학도의용군 나라사랑기념관 Webpage(http://www.koreansvjmemo.or.kr/history/svjField)

하순이었다. 재일학도의용군 제1진과 제2진이 일본에서 소집되었던 아사카 기지에서 이들을 관리하고 통역 등을 담당했던 지미 고자와(ジミ―郷沢) 중위가 부평기지에 와서 사정을 듣고 상관들을 설득하기 시작했기 때문이다. 지미 고자와는 일본계 미국인 2세였는데, 제2차 세계대전 당시 일본계 미국인으로만 구성된 미군 제442연대[13]의 활약에 빗대어 재일학도의용군 또한 민족적 소수자(ethnic minority)로서 신념을 공유하므로 하나의 부대로 결속한다면 확실한 전투력을 보여줄 수 있다고 주장했다.

지미 고자와 중위의 설득은 결실을 맺어 제3병참기지의 사령관은 재일학도의용군만으로 구성된 부대를 만드는 것을 승낙했다. 단, 어디까지나 임시 부대로 미군의 공식적인 승인을 기다려야 한다는 단서를 달았다. 임시 부대였음에도 불구하고 독립 부대를 편성하게 된 재일학도의용군은 전투 투입을 위해 훈련에 몰입했다. 하지만 훈련을 시작하고 열흘 정도 지난 어느 날, 갑자기 해산 명령이 내려진다. 이유에 대해서는 그 누구도 알 수 없었고 단지 명령만이 있었다. 재일학도의용군은 원래대로 제3병참기지로 돌아왔으나, 불만과 불안은 짙어만 갔다. 애매한 신분 때문에 보급품이 제대로 지급되지 않는 지경에 이르자 일본에 귀국해야 한다는 의견을 내는 사람도 있었다.

이러한 상황에서 또 하나의 대안으로 등장한 것이 한국 국군

---

13  1943년 편성된 보병 연대로 유럽 전선에 투입되었다. 하와이 거주자를 중심으로 약 3,800명의 일본계 미국인 청년이 이 연대로 배속되었다.

으로의 편입이었다. 아무런 성과 없이 모국을 구하겠다는 의지를 접고 일본에 돌아가는 것은 싫으니 미군에서 받아주지 않는다면 한국 국군이 되겠다는 생각에서 비롯된 것이었다. 이에 재일학도의용군 중 일부는 한국 군당국과 협의를 거쳐 1950년 11월 28일 서울의 육군 제1보충대대에 배속되었다. 한국 국군으로의 편입을 희망했던 자는 200여 명이었는데, 이 중 26명은 간부 후보생 시험에 합격하여 부산에 있는 육군종합학교에 입학하였고 결과적으로 24명이 임관하였다.[14] 여기에는 재일학도의용군 중 대학생 출신이 많았던 점이 배경으로 작용했으며 이들은 임관 이후 한국 국군 제1사단, 제3사단에 배치되어 최전선에서 전투에 임했다.

## 귀환과 잔류, 그리고 기억

1951년 초가 되자 전황은 교착 상태에 빠졌고, 이에 미군과 한국 국군 모두 부대 재배치 등에 따라 일부 병사가 제대하게 된다. 그리고 그중에는 재일학도의용군도 포함되어 있었는데, 그 절차는 일관성이 없어 혼란을 일으켰다. 전시 상황이라는 점도 작용했겠지만 역시나 재일학도의용군 결성 당시, 이들의 신분과 처우에 대하여 온전한 합의가 이루어지지 않았다는 사실이 큰 영향을 미

---

**14** 임관자 중에는 제5진으로서 이미 한국 국군에 배속되었던 사람도 포함되어 있었다.

쳤다. 미군에 배속되었던 경우에는 "소속된 미군 부대장의 불규칙적인 재량에 맡겨진" 상황이었기 때문에[15] 어떤 사람은 미군 수송선을 타고 일본에 돌아가 제대 절차를 밟았지만 다른 어떤 사람은 그냥 한국에서 현지 해산 명령을 받아 남겨졌다. 한국 국군에 배속된 경우는 당연히 한국 국내에서 제대 조치가 이루어졌다. 문제는 재일학도의용군의 원래 거주지는 일본이고 가족들도 모두 일본에 있다는 것으로, 한국에 남겨진 사람들 대부분이 아무런 연고가 없어 생활 자체가 매우 곤란했다.

이에 제대한 재일학도의용군들은 조속히 일본으로 귀환하고자 했으나 그 과정에서 큰 장애물을 마주하게 된다. 바로 일본 정부가 발행한 재입국 허가가 필요했기 때문이다. 이들이 한국전쟁에 참전하기 위해 일본을 출국했을 때, 그것은 GHQ/SCAP의 권한으로 이루어졌고, 군사상의 이유로 일본 정부에게는 알려지지 않았다. 물론 당시에는 일본을 둘러싼 출입국 관리 권한을 점령당국인 GHQ/SCAP이 가지고 있었기 때문에 당연한 과정이기도 했다. 하지만 한국전쟁이 전개되면서 피난민 중 일부가 일본으로 밀항하는 일이 빈번하게 발생하기 시작했고, GHQ/SCAP은 이와 같은 사람의 흐름을 매우 경계하였다. 여기에는 제3장에서 설명하였듯이 '불법' 입국자를 통한 공산주의의 유입을 우려하는 냉전의 패러다임이 작용했다. GHQ/SCAP은 일본 정부에게 '불법' 입국자

---

15    강노향, 앞의 책, p.182.

〈그림 7-1〉
부산 소림사
(필자 촬영)

단속 강화를 지시하였으며, 이렇게 출입국 관리 체제가 강화되는 과정에서 재일학도의용군의 일본 입국에도 재입국 허가서가 요구된 것이다.

1951년 4월 한국 정부와 주일대표부가 이 문제를 인지하고 일본 정부 및 GHQ/SCAP과 협상에 나섰지만 그 과정은 지지부진했다. 최종적으로 일본 정부는 1947년 5월 공포되었던 '외국인 등록령(外國人登錄令)'에 따라 등록이 되어 있는 재일학도의용군에게만 재입국을 허가하겠다 통보해 왔다. 이 시점에서 외국인 등록이 되어 있는 사람들만이 일제강점기부터 일본에 생활의 기반을 가지는 재일한인이고 그 외는 일본이 패전한 후 혼란을 틈타 '불법'으로 들어온 밀입국자라는 논리였다. 그리고 이를 위해 외국인 등록 명부를 확인할 필요가 있으니 대기해 달라는 것이었다. 한편, 그동안 한국에 남은 재일학도의용군의 생활은 점차 피폐해졌고, 이러한 사정을 들은 한국 정부에서는 부산 초량동에 있는 소림사(少林寺)[16]에 임치 거처를 마련했다(〈그림 7-1〉).[17] 그리고 어떻게든지 일본에 돌아가는 배편을 구하고자 부산에 와 있던 재일학도의용군들이 소림사를 거점 삼아 집결하기 시작했다. 이들은 자율적인 생활 관리[18] 그리고 관계 당국과의 협의를 위해 '재일한교학도의용

---

16  소림사는 원래 일본의 패전 직후, 재조일본인(在朝日本人)이 귀환할 때 사용했던 임시 숙박소였다.

17  소림사에 모인 재일학도의용군의 지원 업무는 부상병 치료 시설이었던 동래 정양원(靜養院)에서 담당하였다.

18  주로 식량 배급·취사 및 공간 조정 등의 문제였다. 재일학도의용군동지회, 『재

대(在日韓僑學徒義勇隊)'를 결성하였고 소림사의 별관에 '재일한교 학도의용대 귀환 대기소'라는 간판을 내걸었다.

그리고 1951년 10월 드디어 재일학도의용군의 귀환이 시작되었다. 소림사에 체류하던 사람들을 중심으로 귀환이 진행되었는데, 이들은 10월 2일 미군 수송선을 타고 부산항을 출발하여 사세보항에 도착, 이후 미군 군용 열차를 타고 도쿄로 향했다. 이렇게 1차 40명을 시작으로 총 4차에 걸쳐 귀환이 이뤄졌다. 그러나 소림사에 체류하였지만 외국인 등록 확인이 늦어진 경우, 미군이나 국군에서 여전히 전투를 치르고 있었던 경우, 또는 개인적인 사정으로 소림사에 체류하지 않았던 경우 등에 해당하는 재일학도의용군은 이와 같은 귀환 과정에서 누락되었고,[19] 이후 예외적으로 1952년 3월 대한해운공사 원주호를 타고 귀환한 사람들(26명)을 제외하고는 모두 한국에 남게 되었다.

1952년 3월 시점에서 재일학도의용군 642명 중 일본에 귀환한 자는 265명, 전사자 및 실종자는 135명, 한국에 잔류한 자는 242명이었다. 그리고 이 중 한국에 잔류한 사람들은 사실상 일본에 돌아갈 수 있는 길이 막혀버린다. 이는 1952년 4월 샌프란시스코강화조약이 발효됐기 때문으로 조약 발효와 동시에 재일한인의 국적 문제가 국제법적으로 정식 정리, 결정되어 하루 아침에 외

---

일동포 6·25전쟁 참전사』, 재일학도의용군동지회, 2002, p.330.

19  귀환 소식은 신문 공고(公告)로도 게재되었으나 이를 보고 부산 소림사에 온 사람들은 매우 적은 것으로 보인다(위의 책, p.326).

국인이 되어버렸기 때문이다. 그리고 외국인이 되어버린 이상, 한국에 잔류하던 재일학도의용군은 일본 입국을 위해 다시 한번 일본 정부의 재입국 허가가 필요해졌다. 다만 이전과는 달리 GHQ/SCAP의 지시를 따를 필요가 없어진 일본 정부는 강경한 태도를 견지해 이들의 재입국을 불허한다. 기존의 외국인 등록 여부와는 상관없는 조치였다. 한국에 잔류한 재일학도의용군은 일본 귀환을 기다리며 부산 소림사에 모여 궁핍한 생활을 이어갔다(〈그림 7-2〉).[20]

〈그림 7-2〉「집에도 못가고 살길도 없어」, 『경향신문』, 1956년 8월 29일

20 「집에도 못가고 살길도 없어: 滯韓中인 在日僑胞學生義勇隊」, 『경향신문』, 1956/08/29.

1960년대가 되면 잔류한 재일학도의용군 사이에서 일본으로의 귀환은 실질적으로 어렵다는 의견이 많아졌고, 한국에서의 적응과 생활을 위한 현실적인 고민을 시작한다. 재일학도의용군 대부분이 한국에 가족은 물론 친인척이 없었고 따라서 경제 활동을 해서 자립하고자 해도 마땅한 방법을 찾지 못하는 경우가 많았다. 이에 '재일한교학도의용대'는 한국 정부에 스스로의 존재와 한국전쟁에서의 공적을 알리고 군사원호법 적용을 주장하였다. 군사원호법은 1950년 4월에 제정된 대한민국의 보훈에 관한 첫 번째 법률이었으나 적용 대상에 제한이 있었고, 체계적으로 운용되지 못하고 있었다. 이러한 문제를 해결하기 위하여 1961년 군사원호청이 설치, 군사원호보상법이 제정되었는데 이 과정에서 국내에 잔류한 재일학도의용군은 그 대상이 되어 미군 부대 경비원 등 취업을 알선받을 수 있게 되었다. 그리고 1965년 사단법인 재일학도의용군동지회 결성을 거쳐, 1968년에는 국가유공자로 규정되었으며 이후 이들에 대한 예우 및 지원 범위는 확대된다.

한편, 일본에 돌아간 재일학도의용군은 재일재향군인회(在日在鄕軍人會)를 결성하였는데, 이들은 이후 민단의 요직에서 활동하며 재일한인 커뮤니티와의 협력 아래 한일 양국에 재일학도의용군의 기억을 남기는 데 앞장섰다. 1963년 일본 도쿄 다이교지(大行寺)에 안치되어 있던 전몰자 유골 50위를 국립서울현충원에 안장하였고, 1979년 이곳에 재일한인들의 성금을 모아 '재일학도의용군 전몰용사 위령비'를 세웠다. 같은 해 인천 수봉공원에도 재

〈그림 7-3〉 인천 수봉공원 내 재일학도의용군 참전 기념비
출처: 위키피디아

일한인 기업가의 기부와 민단의 협력 등을 통해 '재일학도의용군
참전 기념비'를 마련했다(〈그림 7-3〉). 이곳은 요코하마항을 떠난
재일학도의용군 제1진이 최초로 한국에 상륙한 지점이다. 그리고
1989년에는 일본 도쿄의 민단 중앙 본부 정문에도 '재일청년학도
의용군 한국동란 참전 기념비(在日靑年學徒義勇軍韓國動亂參戰記念

碑)'가 만들어졌다.

이처럼 한국과 재일한인 커뮤니티 양쪽에서 재일학도의용군은 모국을 위해 희생한 자들로 자리매김하며 이들을 기억하고 예우하는 다양한 움직임이 이뤄져왔다. 하지만 재일학도의용군의 역사는 이들이 모국을 위해 희생했을 뿐 아니라 '모국에 의해 희생된' 측면이 있었음을 말해준다. 앞서 살펴본 바와 같이 재일학도의용군의 결성과 참전, 그리고 귀환/잔류 과정은 제2차 세계대전 이후 동북아를 뒤덮었던 냉전 패러다임이 어떻게 개인의 삶을 지배하고 영향을 미쳤는지를 여실히 보여주기 때문이다. 그리고 이와 같은 측면을 고려한다면 2000년대 들어 대중 매체를 시작으로 국가보훈처 등에서 다양한 형태의 콘텐츠를 통해 이루어지고 있는 재일학도의용군에 대한 기억 활성화 작업 또한 조심스럽게 바라볼 필요가 있다.[21] 이들에 대한 기억을 재구성하는 작업은 어디까지나 국가 중심이 아닌 재일한인이라는 특수한 역사를 짊어진 소수자 개인의 시각에서 세심하게 이뤄져야 할 것이며,[22] 이를 통해 동북아 근현대사에 대한 새로운 접근을 시도할 수 있을 것이다.

---

[21] 정호석, 「재일학도의용군은 어떻게 기억되는가: 최근 제작된 한국의 텔레비전 다큐멘터리 속 표상과 서사를 중심으로」, 『일본학』 55, 2021, pp.277-281.

[22] 이를 위해서는 향후 생존자의 구술 생애사 수집 등의 작업이 필요할 것이다. 임영언·박갑룡, 「재일청년학도의용군 6·25전쟁 참전과정 분석과 보훈선양 방안 연구」, 『한국보훈논총』 14(1), 2015, p.59.

# 제8장

# 고향의 '개발'과 감귤 네트워크

## 대한민국의 경제 성장과 재일한인

해방 이후 모국과 디아스포라(diaspora), 재일한인(在日韓人)의 관계는 기본적으로 냉전이라는 국제 정치 구도의 영향을 받았으며, 이 책에서도 단편적으로나마 그러한 측면을 살펴볼 수 있다. 하지만 국제 정치 구도에서 한 발자국 떨어져서 대한민국과 재일한인의 관계를 다른 각도에서 살펴보면 경제적인 요소 또한 관계의 형성과 전개에 많은 영향을 미쳤다는 사실을 간과할 수 없다. 오늘날 대한민국의 경제 성장을 돌이켜 볼 때 한일 양국 간 경제교류가 중요한 거시적 배경이었다는 점에 대해서는 이론의 여지가 없다고 보인다. 그리고 여기에서 말하는 한일 관계를 조금 더 세심하게 관찰하면 그 저변에서 재일한인의 인문네트워크가 매우 중요한 기능을 담당했음을 알 수 있다. 재일한인이 매개가 된 지식과 물자의 이동은 한일 국교 정상화 이후 대한민국의 경제 발전 정책 추진에 있어 핵심 요소 중 하나였기 때문이다. 바꾸어 말하자면 이른바 '한강의 기적'을 이루는 데 있어 재일한인은 "당당히 대한민국 역사의 한 축을 담당해" 온 것이다.[1]

하지만 지금까지 이와 같은 측면에 대한 학술적 관심은 많지 않았다. 국제 이주, 디아스포라 연구 일반에 걸쳐서는 2000년대 이후 디아스포라와 모국의 발전이라는 주제의 연구가 송금, 두뇌 유입/순환, 초국적 네트워크라는 차원에서 이루어져 왔지만,[2] 재일한인과 관련해서는 충분한 연구가 축적되어 왔다고 말하기는 어렵다. 이는 일본에서 이뤄지는 재일한인 연구를 답습하는 형태로 국내의 관련 연구도 진행되었기 때문이라고 볼 수 있다. 오랫동안 일본 내에서는 재일한인의 민족 차별의 역사와 이에 대한 저항, 정체성 변용 등의 문제가 중점적인 연구 대상이었고 모국이라는 요소가 더해진 분석의 경우에도 그것은 법, 제도적 측면에서 디아스포라를 어떻게 규정해 왔는지에 초점이 맞춰져 있었다.[3]

물론 이와 같은 한계를 보완하려는 시도가 전무한 것은 아니며, 정진성·김백영·정호석의 연구는 재일 상공인에 의한 집단적, 조직적 '본국 투자'의 분석을 통해 대한민국의 경제 성장에 있어 재일한인의 역할을 고찰하고자 하였다. 특히 모국의 특권화, 일국

---

1   재일동포모국공적조사위원회, 『모국을 향한 재일동포의 100년 족적』, 재외동포재단, 2008.

2   신지원, 「국제이주와 발전의 연계 담론에서 '디아스포라'의 역할에 대한 비판적 검토」, 『디아스포라연구』 9(2), 2015, pp.8-11.

3   정진성·김백영·정호석, 『'모국공헌'의 시대: 재일상공인과 한국 경제』, 한울아카데미, 2020, pp.13-15.

사적 시각을 지양하며 대한민국 현대사에 대한 "거시적 성찰과 비교사적 탐구를 자극하는 마중물"로서 기능하고자 하였다는 점에서 의의가 크다.[4] 그중에서도 이 책과 관련해서 가장 주목하고 싶은 것은 김백영의 논문이다. 김백영의 논문은 1960년대 재일한인의 모국 투자 양상에 대하여 구로 공단, 마산 공단, 구미 공단의 사례를 비교 분석하였는데, 이를 통해 재일한인의 "'애국/애향'의 정체성 정치가 지역사회와 결합하는" 다양성, 가변성을 밝혔다.[5] 즉, 재일한인이 대한민국의 경제 성장에 기여해 온 모습은 지역의 맥락에 따라 다양하게 전개되어 왔기 때문에 결코 '균질적인 하나의 덩어리'로 이해할 수 없다는 것이다.

이 장에서는 기본적으로 이러한 시각에 공감하며 제주와 재일제주인의 사례에 주목하고자 한다. 제주에서는 일제강점기 초기부터 고유의 배경 아래 많은 사람들이 도일(渡日)하였고, 해방 이후에도 4.3과 한국전쟁을 거치면서 일본으로의 인구 이동이 다른 지역에 비해 두드러지게 나타났다. 일례로 제주대학교 문화교류관 내에 마련된 재일제주인센터와 재일제주인실은 이러한 재일제주인만의 역사를 알리고 계승하기 위해 만들어졌다(〈그림 8-1〉). 그만큼 '육지'와는 다른 근현대사의 발자취를 지니는 제주는 지역

---

4   위의 책, p.16.

5   김백영, 「1960년대 재일상공인 모국투자와 공업단지 형성: 구로, 마산, 구미의 사례 비교」, 정진성·김백영·정호석, 『'모국공헌'의 시대: 재일상공인과 한국경제』, 한울아카데미, 2020, p.152.

<그림 8-1> 제주대학교 재일제주인센터 재일제주인실(필자 촬영)

의 맥락을 고려하여 대한민국의 경제 성장과 재일한인의 인문네
트워크를 교차, 이해하는 데 있어 중요한 사례이다. 나아가 '섬'이
라는 지리적 특성상 제주를 둘러싼 인문네트워크 자체가 해역과

떼려야 뗄 수 없는 관계에 있다는 사실은 해역인문학적으로도 시사하는 바가 크다.

## 재일제주인의 탄생: 기미가요마루에서 4.3까지

제1장에서 검토한 바와 같이 제주는 일제강점기 한인의 도일에 있어 부산 다음으로 주요 출발지가 되었던 곳이다. 해녀의 출가(出嫁) 물질에서 시작된 제주인의 도일은 노동자의 도일로 이어졌고, 1923년 제주와 오사카(大阪)를 잇는 기미가요마루(君が代丸)의 취항은 이를 보다 가속화하였다(〈그림 8-2〉). 당시 제주는 '육지'보다 훨씬 더 근대 산업 기반이 취약했고, 토지 조건상 밭농사만 가능한 상태였는데, 조선총독부의 농업 정책이 미곡 수탈을 염두에 둔 논농사 위주로 진행되면서 고향에서는 더 이상 먹고살기 힘든 제주 사람들이 늘어났다. 이에 적지 않은 제주 사람들은 이농자가 되어 바다를 건넌 후, 산업화에 박차를 가하고 있던 일본에서 노동자가 된 것이다. 1926년부터 10년간, 강제 동원이 시작되기 직전까지 재일제주인 수의 추이는 다음과 같으며, 가장 정점을 이뤘던 1934년의 경우, 제주도 전체 인구의 약 25%에 해당하는 규모의 제주인이 일본에 체류했다(〈그림 8-3〉).[6]

---

6    노우정, 「일제강점기 제주인의 이주노동과 제주사회의 변동: 제주와 오사카 간 해상항로의 영향을 중심으로」, 『탐라문화』 71, 2022, pp.84-86.

〈그림 8-2〉 기미가요마루(君が代丸)
출처: 위키피디아

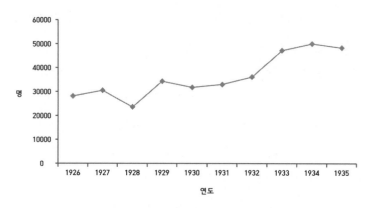

〈그림 8-3〉 일제강점기 재일제주인 수

한편 해방과 더불어 재일제주인도 '육지' 출신 재일한인과 마찬가지로 귀환을 서두르게 된다. 1945년 당시 재일제주인의 수는 정확히 알 수 없으나 약 10만여 명에 달했을 것으로 추정되며 신문 보도 등에 따르면 이 중 5~6만 명이 제주로 귀환했다.[7] 하지만 귀환한 고향의 상황은 결코 안정적인 삶을 보장하는 것이 아니었고, 그 결과 일본에 남아 있던 인적 네트워크 등에 기대어 재도일하는 사람들이 생겨났다. 문제는 해방과 함께 바다 위에는 새롭게 경계가 그려졌다는 것인데, 그 결과 "정당한 탈식민화 과정 없이 고향과 일본 사이에 형성된 삶의 영역을 비합법화"시킴으로써[8] 재도일은 불법, 즉, 밀항이 되었다(제3장). 그리고 제주의 경우, 다른 어떤 지역보다도 해방 이후 밀항을 통한 재도일이 두드러졌다.

이러한 제주로부터 일본으로의 밀항 양상을 이해할 때 가장 중요한 거시적 배경이 된 사건은 4.3이다. 해방 직후 '육지'로부터의 재도일이 대부분 경제적 생존을 위한 것이었다고 한다면 "한반도에서 가장 치열한 정치의 현장이었던" 제주의 경우 그것에 더해 정치적 생존, 나아가 "정치적 박해를 피해" 다시 바다를 건너는 이동이 이루어졌다.[9] 4.3 그리고 이어져 발발한 한국전쟁으로 인해

---

7  문경수·고성만, 「1948 일본행 엑소더스: 연합국 최고사령부 보고서를 통해 본 제주 사람들의 밀항」, 『일본학』 58, 2022, pp.63-64.

8  조경희, 「불안전한 영토, '밀항'하는 일상: 해방 이후 70년대까지 제주인들의 일본 밀항」, 『사회와 역사』 106, 2015, p.68.

9  김진선, 「재일제주인의 이주와 밀항의 난민 양상: 1910~1960년대를 중심으로」, 『현대사회와 다문화』 13(3), 2023, p.7.

제주는 생명의 안전을 보장받지 못하는 섬이 되었고 그 과정에서 '탈출'이 이뤄진 것이다. 그런데 주목해야 할 점은 제주로부터 일본으로의 밀항은 지역의 상황이 어느 정도 안정된 1950년대 중반 이후 오히려 활발해졌다는 사실이다. 1960년대 들어 '육지'의 경제 개발은 본격화하였지만 제주는 그 혜택을 누리지 못하고 상대적으로 생활이 어려운 상황이 계속되었다. 결과적으로 "한/일 간 격차와 함께 육지/섬이라는 위계 질서 아래서 제주도가 겪은 이중적 주변성은 영토 밖 도시로의 이동을 일상화"하였다.[10] 많은 제주인들이 1970년대까지도 일본으로의 밀항을 이어갔으며, 1970년대 초 재일제주인의 인구는 약 8만 명에 이른다.[11]

그런데 여기서 또 하나의 밀항의 배경을 간과해서는 안 된다. 바로 재일제주인 커뮤니티의 존재이다. 재일제주인 커뮤니티는 '육지' 출신의 재일한인에 비해 혈연, 지연, 학연을 중심으로 한 사회적 네트워크를 긴밀하게 형성하고 다양한 활동을 해왔다는 특징을 지닌다. 특히 지연을 바탕으로 한 사회적 네트워크 형성은 재일제주인 고유의 특성이 많이 반영된 것으로, 도(道)는 물론이고 동(洞)이나 리(里)와 같은 작은 단위에서도 많은 단체들이 조직되었다.[12] 예를 들어 재일성산친목회, 재일중엄리친목회 등인데, 이

---

10 조경희, 앞의 글, p.58.

11 문경수, 「일본 속의 제주도」, 재외제주도민회협의회 외 편, 『새천년, 새제주: 백만 제주인의 힘과 대응전략』, 오름, 2001, p.177.

12 고광명, 「재일제주인의 삶과 사회적 네트워크」, 『일본근대학연구』 22, 2008, pp.203-205.

러한 조직들은 재일제주인들 사이에서 사회적 자본(social capital)으로 기능하였으며 밀항자들에게는 초기 정착에 물리적 도움을 주었다. 그리고 1970년대까지 이어진 제주로부터의 밀항은 아이러니컬하게도 새로운 사람과 정보의 유입을 지속 가능하게 만들었고, 그것은 고향과의 네트워크, 그중에서도 경제적 네트워크가 활성화되는 기반으로 작용한다.


## 제주도의 개발과 재일제주인

대한민국에 있어 지역 개발은 어디까지나 국가 전체의 개발, 산업화의 한 부분으로 진행되어 왔으며 이는 제주도의 경우도 마찬가지였다. 1960년대 들어 제주도의 개발은 크게 세 개 부분, 구체적으로는 국제 자유 지역화, 관광 개발, 산업 개발로 나누어 구상되었으나 어디까지나 그 중심은 관광 개발에 있었다.[13] 제주도는 경주와 더불어 관광 개발의 거점으로 자리매김하였으며, 특히 세계 시장을 노리고 국제적인 관광지로서의 성격이 강조되었다. 개발 초기에는 국제적인 관광지에 걸맞은 인프라 정비에 초점이 맞춰졌고 1973년 '제주도 관광 종합 개발 계획' 책정 이후에는 보다 구체적인 계획들이 만들어지고 실행에 옮겨졌다. 그리고 관광

---

13    이상철, 「제주도의 개발과 사회문화 변동」, 『탐라문화』 17, 1997, pp.197-199.

개발이 중점적으로 이뤄지면서 제주도의 산업 구조는 크게 바뀌게 된다. 지역 총생산 중 농업 및 어업 등 1차 산업의 비중은 줄고 3차 산업은 증가하였으며, 취업자 수를 기준으로 보았을 때, 3차 산업의 증가폭은 훨씬 더 크다.[14]

그리고 이와 같은 제주도의 관광 개발 과정에 있어 재일제주인은 초기 단계부터 크게 기여하였는데, 그 중심에는 제주개발협회(濟州開發協會)(현 재일본관동제주도민협회(在日本關東濟州道民協會))가 있었다. 1950년대 후반 동일본(東日本) 지역에 거주하던 재일제주인을 중심으로 '육지'에 비해 상대적으로 낙후된 고향의 개발에 나서야 한다는 목소리가 높아졌고, 그 결과 1961년 아래와 같은 취지로 설립된 것이 제주개발협회였다(〈그림 8-4〉).

(전략) 우리들이 무한하게 사랑하고 그리워하는 고향 제주도의 현재를 보면, 농경 어로 등 일반적인 생활 양식이 과거 형식 그대로 머물러 있어 시대의 조류와 맞지 않고 현대적인 개발이 진행되지 않아 후진성을 탈피하지 못하고 있어 정말 안타깝다. (중략) 이에 우리는 선조의 숭고한 개척 정신을 본받아 창의성을 발휘하여 향토 개발에 선구적인 역할을 하는 것이 의무라 생각하며, 오랫동안 해외에서 고생한 보람을 여기에서 찾고자 한다. (후략)[15]

---

14  위의 글.

15  「趣旨書」, 在日本関東済州道民協会(在日本済州開発協会) Webpage(https://jejudomin.org/about/point/)

〈그림 8-4〉「玄海灘을 넘는 同胞愛」,
『경향신문』, 1962년 12월 13일

1962년 4월 제주개발협회는 제1차 향토방문단·시찰단을 파견하였는데, 이때 제주도를 방문한 김평진 회장[16]은 제주도에 외국인이 투숙할 수 있는 현대식 호텔이 없음에 주목하여 제주관광호텔과 서귀포관광호텔을 건설, 개관한다. 이는 제주도에 만들어진 첫 민영 호텔이었으며, 이후에도 꾸준히 이어지는 재일제주인

---

16  기업가 김평진 활동에 대해서는 다음 연구를 참고할 수 있다. 고광명, 「재일제주인 기업가 東泉 金坪珍 연구」, 『일본근대학연구』 30, 2010, pp.315-333.

의 호텔, 골프장 건설과 같은 관광 인프라 투자는 물론 재산 반입의 시작을 의미하였다.[17]

　한편, 재일제주인은 기증이라는 형태를 통해 보다 미시적인 차원에서도 제주도의 '개발'에 기여하였다. 재일제주인의 기증은 "애향심의 물질적 표현으로 고향 제주와의 연대감 형성은 물론 제주도민과 재일제주인과의 동반적 관계 유지를 위한 중요 기저로 작용"해 왔다.[18] 기증이 시작된 초기인 1960년대에는 소액 단위로 많은 건수의 기증이 이뤄져 도로, 상하수도, 전기 등 기초적인 생활 기반 조성이 진행된 반면, 이후에는 보다 큰 규모의 새마을 사업, 교육 및 문화 분야로 이행해 갔다.[19] 그리고 이를 통해 기증자의 친인척들이 직접적으로 생활 수준 향상이라는 혜택을 누릴 수도 있었으며, 나아가 마을 개발, 지역 개발에도 큰 역할을 했다.[20] 재일제주인의 활발한 기증 활동은 앞에서도 설명한 바와 같이 이들이 혈연, 지연, 학연 등을 바탕으로 한 밀도 높은 인적 네트워크를 유지하고 그것을 통해 고향과 이어지는 초국가적인 사회 영역 (transnational social space)을 확보하고 있었기 때문에 가능했으며, 특

---

**17** 고광명, 「재일제주인의 산업경제에 대한 공헌」, 『일본근대학연구』 50, 2015, pp.494-495.

**18** 김희철·진관훈, 「재일 제주인의 경제생활과 제주사회기증에 관한 연구」, 『法과 政策』 13(1), 2007, p.101.

**19** 고광명, 「재일제주인의 제주도에의 기증과 투자활동」, 『일본근대학연구』 27, 2010, p.227.

**20** 고광명, 「재일제주인의 제주도 마을 발전에 대한 고찰」, 『일본문화연구』 66, 2018, p.15.

히 마을 단위의 기증은 재일제주인이 다른 지역 출신 재일한인에 비해 지연 네트워크가 강하고 친목회, 향우회 등에 활발하게 참여했음을 보여준다.[21]

## 감귤 네트워크와 재일제주인

그런데 앞 절에서 살펴본 제주도 '개발' 과정에서 예외로 취급되었던 것이 바로 감귤 산업이었다. 1960년대부터 시작하여 제주도 전체적으로 보았을 때 1차 산업의 비중은 계속해서 낮아졌지만 감귤 산업만은 크게 성장한 것이다. 제주도의 감귤 산업 성장은 1964년 2월 박정희 대통령의 연두 순시에서 시작되었다. 제주도를 방문한 박정희 대통령은 '육지'와 다른 자연 조건 등을 고려하여 '제1차 경제 개발 5개년 계획'에서 일반적으로 설정한 농업 분야의 목표, 즉, 식량 증산을 제주도에는 적용하지 않고, 대신에 수익성이 높은 감귤 재배를 적극적으로 장려하도록 지시했다. 이는 즉시 실행에 옮겨져 이듬해 '감귤 주산지(主産地) 조성 5개년 계획'을 시행한다. 나아가 1968년부터는 감귤 산업을 '농·어민 소득 증대 특별 사업'으로 지정하여 저금리 융자를 제공하는 등 더욱 적극적으로 지원하였다. 그리고 이와 같은 지원의 결과 제주도의

---

21    고광명, 앞의 글, 2010, p.228.

감귤 산업은 〈표 8-1〉과 같이 급성장한다.

〈표 8-1〉 제주도 감귤 산업의 성장[22]

| 연도 | 재배 면적(ha) | 농가 수(호) | 생산량(M/T) | 순수익(백만 원) |
|---|---|---|---|---|
| 1960 | 92.7 | | 190.4 | |
| 1965 | 551.3 | | 1,083 | |
| 1970 | 4,842 | 1,732 | 4,972 | 634 |
| 1975 | 10,930 | 8,030 | 81,105 | 7,348 |
| 1980 | 14,095 | 19,996 | 187,470 | 55,088 |

당시 제주에서는 감귤 나무를 '대학 나무'라고 불렀는데, 이는 감귤 재배 농가의 수입이 자녀를 대학에 보낼 수 있을 정도로 많다는 의미였다. 그리고 이와 같은 개별 농가의 수입 증가는 물론이고 관련 산업, 비료, 포장, 운송, 판매 등까지 고려한다면 감귤 산업이 제주도 개발에 있어 매우 중요한 의미를 지녔었음은 분명하다. 이처럼 1960년대 들어 제주도에서는 국가가 주도하는 형태로 감귤의 증산, 나아가 산업화가 시작되었는데, 이를 위해서 조속히 해결해야만 하는 중요한 문제가 하나 있었다. 그것은 감귤 묘목의 확보로, 묘목이 적으면 절대로 감귤 생산을 극적으로 늘릴 수 없었기 때문이다. 일제강점기 제주도에는 일본인이 경영하던 감귤 농원이 있었고 1945년 8월 이후 재조일본인(在朝日本人)이 귀

---

[22] 다음 자료에서 재인용하였다. 제주발전연구원, 『감귤산업에 기여한 재일동포들』, 제주발전연구원, 2007, p.33.

환하면서 한국인이 이를 인수했다. 하지만 4.3과 한국전쟁을 거치면서 황폐화하였고, 감귤 산업 육성의 필요성이 거론되기 시작했을 때는 묘목 수가 절대적으로 부족한 상태였다. 그리고 이 문제의 해결에 나선 것은 재일제주인이었다.

앞서 언급한 제주개발협회는 1962년 제주도로 제1차 향토 방문단을 파견하면서 향토 개발 기금 기증과 더불어 서귀포의 감귤 농원(제주 농원) 시찰 일정을 소화했다. 그리고 이 시찰 직후부터 재일제주인의 감귤 묘목 기증이 시작되었다. 다만 1960년대 초반까지는 향토 녹화 운동의 일환으로 진행되었기 때문에 감귤만이 아니라 벚나무 묘목 등도 함께 기증되었다. 제주도의 개발, 특히 농민의 소득 증대를 위한 감귤 묘목 기증이 본격적으로 이루어지기 시작한 것은 역시 1965년 '감귤 주산지 조성 5개년 계획' 시행 이후였다. 제주개발협회는 물론이고 오사카를 중심으로 한 재일본제주도민회(在日本濟州道民會), 재일본제주도친목회(在日本濟州道親睦會) 등도 묘목 기증에 나섰는데, 예를 들어 재일본제주도친목회는 1970년 3월 일본 유수의 감귤 산지인 와카야마현(和歌山縣)에 협조를 요청하여 양질의 묘목 약 60만 그루를 확보한 후 직접 사카이항(堺港)(오사카 남부에 위치)에서 제주도로 보냈다.

결과적으로 재일제주인이 기증한 감귤 묘목은 위와 같이 크게 늘어났고, 그 수는 1970년 한 해에만 100만 본 이상에 이른다(〈그림 8-5〉). 흥미로운 사실은 1970년 1월 이미 감귤 묘목 기증 수 급증으로 인해 장기적으로 과잉 생산 등의 문제가 우려된다는 이유

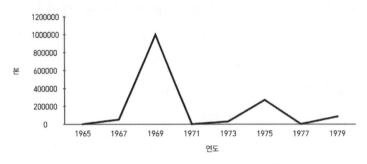

〈그림 8-5〉 재일제주인이 기증한 감귤 묘목 수[23]

로 이 문제를 협의하는 회의가 열렸다는 것이다. 이 회의는 당시 도지사였던 정용식 지사가 주재하였으며 부지사, 교육감, 농협 도 지부장 등 제주도내 전(全) 기관장들이 참석 대상이었다. 이는 감 귤 묘목 기증 문제가 단순히 묘목의 수요와 공급의 문제가 아니 라 제주도의 경제 발전과 재일한인과의 관계 정립의 문제였다는 사실을 말해준다.[24] 회의 결과 1970년도 감귤 묘목 수입은 60만 본으로 제한하는 것이 결정되었으나, 앞에서 언급한 수치를 통해 서도 알 수 있듯이 행정상 통제력을 잃은 상태였으며 크게 효과는 없었던 것으로 보인다.

이처럼 재일제주인이 바다를 건너 보내온 감귤 묘목은 제주도

---

23  제주특별자치도, 『愛鄕의 보람』, 제주특별자치도, 2007, p.49.
24  제주발전연구원, 앞의 책, pp.28-29.

감귤 산업의 토대가 되었는데 여기에서 한 가지 간과해서는 안 되는 사실은 묘목이라는 '물건'의 유입은 어디까지나 '사람'에 의해 그 효과가 발휘되었다는 것이다. 제주도개발협회는 설립 당초부터 고향 개발에 있어 인재 육성은 필수 불가결하다는 입장을 견지하며 일본으로 관계자들을 초청하기 위해 노력하였다. 이에 1962년 정기 총회에서 기술 연수생 초빙 사업을 목표로 책정하였으나 실제 사업이 움직이기 시작한 것은 1964년부터로 같은 해 7월 제주도지사로부터 농업, 축산, 수산 분야 연수생을 추천받았다. 제주개발협회에서는 니혼대학(日本大學) 농예학부, 시즈오카현(靜岡縣) 등과 협의하여 연수 준비를 하였으며 1965년 1월 10명의 연수생이 일본에 도착하게 된다. 그리고 이 제1기 제주도 종합 개발 기술 연수생(이하, 기술 연수생)(10명) 중에는 제주도 농사원(農事院)[25] 시험과 기사 등 감귤 관계자도 포함되어 있었다.

연수생의 초청은 일본 외무성(外務省), 법무성(法務省), 연수 기관, 숙박처 등 다방면에서 긴밀한 조율이 필요한 사업이었기 때문에 제2기가 성사된 것은 1972년이 되어서였다. 제2기 기술 연수생은 13명이었으며 이들은 모두 감귤 산업 관계자로 약 8개월간 시즈오카현 감귤 시험장에서 연수를 하였다. 구체적인 연수 내용은 오전에 토양, 비료, 해충 등에 관한 이론 교육을 받고 오후에는 가지치기, 접붙이기 등을 중심으로 실습을 하였다. 그리고 기술 연수

---

[25]  농촌진흥청의 전신(前身)으로 1957년부터 1962년까지 설치되었다.

생 초빙 사업과는 별개로 농업 시찰단도 초청하였다. 농업 시찰단은 1966년부터 지속적으로 일본을 방문하여 일본의 주요 감귤 재배지를 시찰하였으며, 1973년 방일한 시찰단 구성원 중에는 제1기 기술 연수생으로 감귤 및 파인애플 재배 기술을 연수한 경험이 있는 사람이 포함되기도 하는 등 인적 네트워크의 지속성도 확보되는 모양새를 보였다.

한편, 기술 연수생 사업, 농업 시찰단과는 반대로 일본으로부터 '사람'의 흐름을 통해서도 감귤 재배 관련 지식과 기술이 제주도로 유입하였다. 대표적으로 제주개발협회가 감귤 묘목을 거래하던 후쿠오카묘목주식회사(福岡苗木株式会社)의 임원과 기술자가 제주도를 방문하여 지도를 하는 움직임이 있었다. 1969년 10월 제주개발협회 회장 등 임원은 후쿠오카현(福岡県) 현립 과수모목원(果樹母木園) 기술 주사와 후쿠오카묘목주식회사 전무 취체역(取締役)과 함께 제주도를 방문하여 제주감귤협동조합, 제주감귤기술양성소, 제주대학교 농학부 등을 둘러보고 강연, 기술 지도를 진행하였다. 그 밖에도 감귤 재배에 필요한 농업 기계를 기증하면서 농업 기계 제조 회사(야마하 발동기(ヤマハ発動機))의 기술자도 대동하여 제주도에서 현지 설명회를 개최하였다. 그리고 이렇게 만들어진 '사람'의 네트워크는 이후에도 제주도에 감귤의 신품종이 들어오고 방풍림이 조성되는 과정 등에서도 활용되었다. 그것은 재일제주인이 중심이 되어 바다를 가로질러 만든 감귤 네트워크라고도 할 수 있다.

| 제9장 |

# 코리아타운의 전개와 해역

## 바다가 만들어낸 코리아타운

에스닉타운(ethnic town)[1]은 한 국가에서 소수 민족 집단(ethnic minorities)이 특정 범위에 걸쳐 모여 사는 지역을 말하며, 보통 도시 내에 자리한다. 차이나타운(China Town), 리틀 이태리(Little Italy), 인디아 스퀘어(India Square)와 같은 에스닉타운은 이주민이 정착한 국가의 도시에 형성되며 이들이 수용국 사회에 정착하는 데 도움을 주는 물리적, 심리적 기반이 되기도 하고, 이곳을 중심으로 형성된 네트워크가 사회적 자본(social capital)으로 작용하여 송출국으로부터의 새로운 이주의 흐름을 유도하기도 한다. 즉, 에스닉타운은 이민에게 있어 주거 및 사회, 경제적 활동의 공간으로서 기능을 하는 것인데, 그렇기 때문에 자연스레 이들이 지닌 고유의 문화적

---

1  '소수 민족 집단 체류 지역'이라는 뜻의 '에스닉 엔클레이브(ethnic enclave)'와 유사하게 사용되기도 하나 '엔클레이브(enclave)'의 경우 본래 '고립 영토'라는 의미를 지니므로 수용국 사회와의 단절, 분단의 뉘앙스가 강하다.

특성을 반영하는 이국적인 공간으로 자리매김한다. 그리고 경관, 혼종 문화 등 에스닉타운이 지니는 이국적인 측면은 수용국 또는 해당 도시 차원에서 관광 문화 자원으로 활용되는 경우가 많다.[2]

그런데 이 책에서 공유하고자 하는 해역인문학의 시각에서 보면 에스닉타운은 특히나 흥미로운 공간이다. 그 이유는 에스닉타운 대부분이 해역 도시에 자리하기 때문이다. 전 세계적으로 가장 주요한 에스닉타운이라고 할 수 있는 차이나타운도 뉴욕, 샌프란시스코, 런던, 시드니, 밴쿠버, 싱가포르, 요코하마(橫濱) 등 항구가 자리하고 육로와 해로의 결절점인 해역 도시를 중심으로 형성되어 있다. 그리고 이는 인류의 역사를 전체적으로 되돌아보았을 때 바닷길을 통한 사람의 이동이 공로(空路)를 통한 이동보다 오랜 역사와 큰 규모를 지녀왔다는 사실을 고려한다면 당연한 결과라고도 할 수 있다. 바다를 건너온 이민은 가능하면 추가 이동 비용을 들이지 않고 정착하고자 한다. 동서고금을 막론하고 국제적인 이주 현상의 대부분을 차지하는 경제적 목적의 이민의 경우, 근대 시기 하선(下船)한 해역 도시에서 부두 하역, 각종 건설 인프라 노동 등의 일자리를 찾고 살아갔다(제5장). 즉, 해역 도시는 바닷길을 통해 이동해 온 이민이 단순히 통과하는 곳이 아니라 머무르며 생활하고 수용국 사회와 더불어 문화 변용을 경험하는 공간인 것이다.

---

2    심창섭 · 강형철, 「관광자원으로서 에스닉타운에 관한 개념적 고찰」, 『관광연구논총』 29(1), 2017, p.5.

한편 코리아타운(Korea Town)은 19세기 말 이후 약 한 세기 동안 이어진 한인(韓人) 출이민(出移民, emigration)의 공간적 결과물로 앞에서 언급한 특징을 지니는 에스닉타운 중 하나이다. 코리아타운은 미국을 중심으로 북미와 동북아 지역에서 그 역사가 길고 규모가 큰데, 그중에서도 특히 존재감이 두드러지는 곳이 일본이다. 일본은 한반도로부터의 출이민 역사 전체를 보았을 때, 매우 초기부터 목적지가 되었던 지역으로, 일제강점기 동안 가장 많은 이주민이 향한 곳이기도 했다. 그리고 이와 같은 이주 현상이 식민지-피식민지의 비대칭적인 구조 속에서 일어남으로써, 코리아타운이 지니는 경제적, 사회적, 문화적 차원의 자조(self-help) 기능이 더욱 강조되었다. 한편, 해방 후 한일 국교 정상화에 뒤이어 해외 여행 자유화가 이뤄지면서 새로운 도일(渡日)의 흐름이 만들어졌으며 1980년대 전후로 유학, 사업, 취업 등의 목적으로 일본에 건너가는 사람들이 늘어났다. 그리고 이들이 추가로 유입하면서 코리아타운은 새로운 역사를 품으며 오늘날에 이르는 전개 양상을 보여왔다.

그리고 일본 내 코리아타운 또한 해역 도시에 자리한다. 제6장에서 살펴본 시모노세키와 더불어 오사카(大阪)와 도쿄(東京)에도 코리아타운이 형성되어 있으며 이들 도시 모두 역사적으로 바닷길을 통한 사람, 물건, 문화의 이동과 교류가 활발하게 이루어진 곳으로 해역인문네트워크의 중심으로 기능하였다. 물론 근현대에 걸쳐 도시가 걸어온 발자취에 따라서는 해역인문네트워크의 의미가 일정 부분 퇴색되어 버리기도 했을 것이다. 그러나 이들 도시 속 코리아타운은 바다, 구체적으로는 대한해협을 건너온 한인, 그리고 그들의 생활과 문화를 품는 공간으로 해역 도시의 역사를 현재화한다. 게다가 글로벌리즘의 전개와 함께 코리아타운은 끊임없이 변화하고 있다. 특히 2000년대 이후 한류 현상, 일본 사회의 다문화화는 코리아타운을 보다 역동적인 공간으로 만들고 있는데 그 양상은 공통적인 측면도 있으나 각 코리아타운이 형성된 역사적 배경의 영향을 받아 서로 다른 모습을 보이기도 한다.

## 조선인의 공간에서 동시성의 공간으로
## : 오사카

오사카 코리아타운은 일본 최대의 코리아타운으로 오사카시 동부 이쿠노(生野) 지역에 위치한다. 이쿠노는 본래 농촌이었으나, 20세기 초반 시가지 확장과 공업화에 따라 도시화되었다. 그리고 이러한 과정에서 생겨난 노동력의 수요를 채웠던 것이 바다를 건너온 조선인들이었다. 일제강점기 피폐해진 농촌에서 유리된 이농민(離農民)들은 국내 이주만으로는 생계를 꾸리는 것이 어려워 국경을 넘게 된다. 특히 한반도 남부 지역의 경우, 대한해협을 건너 일본으로 가 노동자가 되는 것이 주요한 이동 경로였다. 이들은 일자리, 특히 단순 노동직이 많은 대도시로 유입하였다. 오사카도 그중 하나로 1920년대 전후 오사카는 동양의 맨체스터라 불리며 공업 도시로서 성장을 이어갔고, 제조업과 건설업의 발달이 눈에 띄었다. 이쿠노는 오사카 안에서도 조선인에게 풍부한 일자리를 제공했던 지역으로, 이는 도시화 과정에서 하천 개수(改修) 공사가 이어졌고, 고무 공장 등이 밀집했기 때문이다. 그리고 결과적으로 이쿠노에는 조선인들이 모여 살기 시작했고, 조선인을 상대로 한 노점 등도 늘어나면서 조선 시장[3]을 형성하게 된다.

이후 일본이 제2차 세계대전에서 패하고 한반도가 해방을 맞이하자 일본에 있던 조선인 중 대다수는 모국으로 귀환하였으며, 여러 가지 사정으로 일본에 남은 사람들이 재일한인(在日韓人) 사회를 만들어갔다. 그런데 이쿠노는 이 과정에서 추가로 사람들이 유입했다는 독특한 특징을 보인다. 이는 원래 이쿠노에 모여 살던 많은 조선인들의 출신지와 관련이 있는데, 바로 제주 출신자라는 점이다. 1923년부터 제주도와 오사카를 잇는 직항로가 운항되면서 도일하는 제주 사람의 대부분은 오사카를 향하게 되었다. 그 결과 이쿠노는 재일한인의 집주 지역이자, 재일제주인의 집주 지역이 된 것인데, 제8장에서도 서술하였듯이 1947년 4.3사건이 터지면서 밀항하여 일본에 건너오는 제주 사람들이 적지 않았고, 이들이 새로운 구성원으로 포함되기 시작한다.

---

3    조선 시장의 형성 과정과 재일한인사적 관점에서의 의미에 대해서는 다음 연구의 제4장을 참고 가능하다. 박미아, 『재일조선인과 암시장: 전후(戰後) 공간의 생존서사』, 선인, 2021.

이렇게 이쿠노는 일본에서 총 인구 대비 외국인 비중이 가장 높은 지역이 되었고, 그 대부분을 차지하는 한인들에게 생활의 터전이 되었던 곳이 바로 조선 시장이었다. 조선 시장은 한인들에게 단순히 경제 활동을 하는 곳일 뿐만 아니라 문화를 계승하고 민족 차별이 만연한 일본 사회에 대항할 수 있는 커뮤니티의 구심점이 되는 공간이기도 했다. 다만 어디까지나 조선 시장은 조선인의 공간이었고, 일반적으로 더럽고 위험한 곳으로서의 이미지가 강했다. 예를 들어 소설 『파친코』[4]에는 주인공이 이쿠노 조선 시장에서 김치 행상을 하는 모습이 다음과 같이 묘사된다.

> "이쪽에 고약한 냄새 풍길 생각을 하지도 마." 밀과자 장수 두 명 중에서 나이 든 쪽이 말했다. "저쪽으로 가." 여자가 생선 파는 행상인들 쪽을 가리켰다. (중략) 선자는 너무 놀라서 뭐라고 대꾸해야 할지 몰랐다. 김치를 파는 사람은 아무도 없었다. 된장도 냄새가 지독하기는 마찬가지였다. 선자는 그 여자들이 더 이상 보이지 않을 때까지 계속 걷다가 기차역 출입구 근처의 생닭을 파는 곳에 다다랐다. 지독한 고기 냄새가 코를 찔렀다. (후략)[5]

이처럼 '냄새 나는' 조선인의 공간 이쿠노는 1980년대에 들어

---

4  한국계 미국인 작가 이민진이 2017년 출판한 장편소설로 원제는 Pachinko이다. 국내에서는 2018년 처음으로 번역되었다.
5  이민진, 이미정 역, 『파친코 1』, 문학사상, 2018, pp.244-245.

서 쇠퇴가 가시화된다. 1980년대는 재일한인 커뮤니티의 세대 교체가 급격하게 진행된 시기로 3세가 주축으로 부상하면서 생활 양식, 정체성 또한 크게 변한다. 이들은 정주를 전제로 일본 사회와의 새로운 관계 구축을 모색했으며, 그러한 가운데 이쿠노를 떠나는 젊은 재일한인들이 늘어났고, 지역은 활기를 잃어갔다.

그리고 이와 같은 변화를 극복하기 위한 노력으로서 이쿠노의 조선 시장은 코리아타운으로 거듭난다. 1993년 '백제문(百済門)'을 설치하고 도로를 정비하면서 '이쿠노 코리아타운'⁶이라 새롭게 이름을 붙여 조선 시장 이미지로부터의 탈피를 꾀하였다. 고객층 또한 한인만이 아니라 일본인까지 폭넓게 설정하여 운영하였으며, 일본인 학생을 대상으로 한 체험 학습 신청 또한 적극적으로 받아, 일본 사회를 '살아가는' 코리아타운으로서 자리매김을 시도한다. 1997년부터 시작된 '이쿠노 좋아요! 코리안타운 축제(生野チョアヨ!コリアタウン祭り)'는 이와 같은 시도를 단적으로 보여준다. 그리고 2000년대에 들어서면 한일 월드컵 공동 개최, 초기 한류 붐의 영향을 받아 일본인 방문자가 크게 늘어나면서 오사카 내의 관광 명소 중 하나가 된다(〈그림 9-1〉).

무엇보다 2000년대 이후 이쿠노 코리아타운이 다시 활기를 되찾을 수 있었던 것은 일본인들에 의한 한국 관련 상품의 소비가 크게 늘어났기 때문이었다. 음식점과 식료품, 한복, 이불 가게처럼

---

6  2021년 사단법인 '오사카 코리아타운'을 설립하면서 현재 이를 공식 명칭으로 사용하고 있다.

〈그림 9-1〉 오사카 코리아타운
(필자 촬영)

전통적으로 코리아타운을 지켜온 상점들에 더해 한류 굿즈를 판매하는 상점이 증가한 것이다. 다만, 이 시기 이쿠노 코리아타운에서 소비되는 '한국'은 실제 한국 사회와 약간의 시차가 있는 것이었고, 현재의 한국과 역사 속 '조선'이 혼재된 것이었다. 그런데 2010년대 이후 이러한 시차는 급격하게 줄어들게 된다. 2차 한류 붐의 도래와 더불어 '한국'을 소비하는 사람들의 연령이 하향화하였고, 이들은 SNS 사용의 일상화를 통해 한국 사회의 유행을 실시간으로 접했기 때문이다.[7] 그리고 이렇게 '지금'의 '한국'을 소비하고자 하는 일본인들이 늘어나면서 이쿠노 코리아타운도 그러한 수요에 맞춰 경관과 내용을 바꿔가고 있으며, 그것은 오늘날의 한국 사회와 매우 동시성이 높은 양상을 보인다(〈그림 9-1〉).

## 한국인의 공간에서 멀티 에스닉 공간으로
## : 도쿄

한편 도쿄 코리아타운은 도쿄 특별구(特別區)의 서부 신오쿠

---

[7]  일본 내 한류의 전개는 일반적으로 1차부터 4차 붐으로 나누어 구분된다. 1차는 드라마 〈겨울연가〉 신드롬으로 대표되는 반면, 2차는 K-POP과 아이돌 중심으로 20~30대 여성층까지 포함한 현상으로 자리매김한다. 참고로 2017년과 팬데믹(pandemic) 이후 시기를 각각 3차와 4차 한류 붐으로 구분하는데, 보다 다양한 속성의 사람들(세대, 성별, 취향 등)을 대상으로 외연이 점차 확대되고 있다.

보(新大久保) 지역에 위치하며, 일명 신오쿠보 코리아타운으로 불린다. 신오쿠보 코리아타운은 오늘날 일본 내 코리아타운 중 가장 유동 인구가 많은 곳이지만 그 역사는 결코 길지 않다. 신오쿠보 코리아타운의 원형이 만들어진 것은 해방 이후로 재일한인들은 전쟁 중 공습으로 피폐해진 이 지역에서 폐품을 회수하며 생활하였는데, 1950년 재일한인이 창업주인 한 제과 회사가 껌 생산을 위해 신주쿠 공장을 설립하면서, 더 많은 재일한인이 일자리를 찾아 모이기 시작하였다. 동일본(東日本) 지역에서 재일한인의 집주지로 유명한 곳은 도쿄에서 남서쪽으로 약 25km 떨어진 가와사키(川崎)로, 이는 일제강점기부터 해안 철도 공사, 군수 공장 가동 등에 의해 풍부한 일자리가 존재했기 때문이다. 하지만 이러한 일자리들은 전쟁을 전제로 하는 것이었으므로 패전과 함께 감소할 수밖에 없었고, 그 결과 일본에 남은 재일한인은 새로운 생계 수단이 필요해졌다. 그리고 이 과정에서 동일본 지역 재일한인 중 일부가 신오쿠보 지역에 유입했을 가능성에 대해 생각해 볼 수 있다.

다만 이와 같은 올드 커머(old comer)의 유입은 어디까지나 노동을 위한 제한적인 것이었으며, 생활을 영위하고 집주에 이르는 형태는 아니었다. 상황이 변하기 시작한 것은 1980년대 이후로, 이는 신오쿠보의 지리적 특성과 관련이 있다. 신오쿠보는 일본 최대의 환락가인 가부키쵸(歌舞伎町)와 인접한다. 가부키쵸는 신주쿠역(新宿駅) 북동부에 위치하며 음식점, 유흥업소, 성인용품점이 밀집하는 구역으로, 신오쿠보는 이 일대에서 도보로 이동 가능한 범위 내에 있다. 그리고 1982년부터 1987년까지 이어진 나카소네 야스히로(中曽根康弘) 정권의 적극적인 국제화 정책의 결과, 일본 비자 취득이 용이해지면서 한일 간 임금 격차를 배경으로 한국인들의 도일이 증가하는데, 그중 일부, 특히 여성들이 신오쿠보에 유입하게 된다. 이들은 대부분 경제적인 목적으로 일본에 와 가부키쵸의 유흥업소에서 일을 하였으며, 가깝고 비교적 주거비가 저렴한 신오쿠보에 살기 시작했다. 그리고 이렇게 한국인 여성들이 모이기 시작하면서 이들을 상대로 하는 한국 음식점, 미용실, 옷가게 등 또한 들어선다.

즉, 오늘날에 이르는 신오쿠보 코리아타운의 모습이 본격적으로 갖춰지는 것은 1980년대 중반 이후 뉴 커머(new comer)에 의해서였다. 이곳을 생활의 거점으로 하는 한국인들이 늘어나면서 비즈니스 기회를 잡으려는 유학생 출신 사업가들의 창업이 이어졌고, 이러한 한국 상점에는 다시 다양한 배경을 지닌 한국인 아르바이트생이 유입하면서 점차 규모가 커진다. 하지만 신오쿠보 코리아타운의 발전에 있어 기폭제가 된 것은 오사카 코리아타운과 마찬가지로 2002년 한일 월드컵 공동 개최와 초기 한류 붐이었다. 오사카 코리아타운과 달랐던 점은 기본적으로 뉴 커머를 중심으로 형성된 코리아타운이었기 때문에 처음부터 한국 사회와의 동시성이 높은 모습을 보였다는 것이다. 이후 한국 프랜차이즈 점포의 진출이 비교적 빠른 시기부터 진행되었고, 각종 상점에서 다루는 한류 콘텐츠 또한 거의 실시간으로 대량 이식되었다. 그 결과

〈그림 9-2〉 신오쿠보 코리아타운
(필자 촬영)

일본 내 코리아타운 중 가장 '지금'의 '한국'과 유사한 경관을 보이며, 방문층 또한 유행에 민감한 청소년을 포함하여 청년들이 중심이 되었다(〈그림 9-2〉).

한편 이렇게 한류의 공간으로 자리매김한 신오쿠보 코리아타운은 팬데믹 이후, 흥미로운 변화를 보이기 시작한다. 코로나 19 확산 속 신오쿠보에 모여 살던 한국인, 그중에서도 인근 일본어 학교 유학생들이 대거 귀국하면서 이 지역에 거주하는 외국인 전체 인구 중 한국인이 차지하는 비중이 크게 줄어들게 된 것이다. 신오쿠보 지역은 본래 주거비가 저렴하여 신주쿠에 밀집하는 일본어 학교에 유학 온 아시아 지역 학생들에게 인기 있는 거주지였다. 특히 일부 중국인 학생들이 이곳에서 거주하며 중국 동포가 운영하는 중국 음식점 등에서 일하는 모습을 제법 찾아볼 수 있었다. 하지만 팬데믹 이전까지 그러한 모습이 어디까지나 코리안타운 내의 '소수'로서 존재하는 것이었다면, 엔데믹(endemic)을 맞이한 이후에는 보다 일상화된 양상을 띤다.

중국인뿐만 아니라 베트남인, 네팔인, 파키스탄인 등 신오쿠보에 모여 살기 시작한 외국인의 국적은 더욱 다양해졌으며, 이들은 고유의 에스닉 비즈니스(ethnic business)를 확대하고 있다. 오늘날 신오쿠보 코리아타운에서는 무슬림계 할랄 푸드 상점과 한국 미용실이 공존하는 건물을 어렵지 않게 찾아볼 수 있다. 그리고 신오쿠보의 이와 같은 변화에 대하여 일본의 한 시사 주간지에서는 '코리아타운 신오쿠보가 뉴욕화(化)하는 이유'라는 제목으로 분석을 하였는데,[8] 이는 세계 최대의 다인종, 다문화의 도시라고 할 수 있는 뉴욕과의 비유를 통해 도쿄의 코리아타운이 점차 멀티 에스닉 공간으로 거듭나고 있음을 단적으로 보여준다.[9]

## 해역 도시가 코리아타운을 마주하는 법

이러한 일본 내 코리아타운의 전개 과정은 일제강점기 바다를 건너와 해역 도시에 자리 잡은 한인들의 이동과 정착의 역사를 품고, 현재의 변화, 바꾸어 말하자면 글로벌리즘을 배경으로 한 대중 문화의 전파 및 수용 양상의 변화를 반영한 것이다. 흥미로운 사실은 최근 들어 코리아타운이 발신하는 '조선'과 '한국'의 내용이 많이 달라지고 있다는 것인데, 그것은 어떠한 측면에서 본다면 '전통'의 재구성, 상대화라고도 할 수 있으며 모국과의 새로운 네트워크, 한류가 여기에 큰 요인으로 작용하고 있다. 그리고 이와 같은 변화는 해역 도시 내 코리아타운의 자리매김에도 적지 않은

---

8   「コリアンタウンの新大久保がニューヨーク化している理由」, 『週刊ダイヤモンド』, 2020/03/27.

9   이와 같은 측면은 에스닉타운이 지역 사회 자체의 변화를 다양한 방향으로 이끌어 가는 측면이 있음을 말해준다. 이호상, 「에스닉 커뮤니티 성장에 따른 지역사회의 변화: 도쿄 신오쿠보를 사례로」, 『한국도시지리학회지』 14(2), 2011, pp.125-137; 지충남, 「재일한인 뉴커머 타운의 형성과 발전, 그리고 변용: 신오쿠보 코리아타운을 중심으로」, 『민족연구』 69, 2017, pp.178-209.

영향을 준다. 오늘날 전 세계 많은 도시는 정도, 내용의 차이는 있지만 스스로가 글로벌 네트워크 속에 있음을 내세우는데, 이를 어필하는 데 있어 "국경을 넘어 온(올) 타자와의 공생은 중요한 아젠다이자, 도시가 추구해야 할 핵심 가치"가 된다.[10] 이에 코리아타운과 같은 에스닉타운은 도시가 지니는 이동성과 포용성을 구현화하는 공간으로서 도시의 정체성 재구축과 이를 바탕으로 한 시가지 재생, 관광 문화 산업의 활성화라는 실질적인 자원으로서 가치를 지닌다.

이와 관련하여 제6장에서 살펴본 시모노세키 '리틀 부산(リトル釜山)'은 구체적인 실천의 사례를 제공한다는 점에서 시사하는 바가 크다. '리틀 부산'이 성공적으로 자리매김하는 데는 '리틀 부산 페스타(リトル釜山フェスタ)'가 중요한 역할을 하였다. '리틀 부산 페스타'는 시모노세키시의 '중심 시가지 활성화 프로그램(中心市街地活性化プログラム)' 책정 직후인 2001년 시작되었다. 2001년은 부산시와 시모노세키시가 자매 결연을 체결한 지 25주년이 되는 해였으며, 이후 매년 11월 23일에 개최되고 있는데, 11월 23일은 일본어 두문자어로 하면 '좋은 부산의 날(イイ・プサンノヒ)'이 된다. '리틀 부산 페스타'의 프로그램을 살펴보면 약간의 변화가 있으나 기본적으로 잡채, 호떡 등 한국 음식을 맛보고 한국 물건을 살 수 있는 노점(보따리 시장(ポッタリ市))과 한복을 입어볼 수 있

---

10 최민경, 「해역도시는 이민을 어떻게 '기억'하는가: 일본 요코하마를 중심으로」, 『인문학연구』 134, 2024, pp.164-165.

는 체험 부스, 그리고 무대 공연이라는 축으로 이루어진다. 이와 같은 구성은 다른 재일한인 집주 지역의 축제와 크게 다르지 않지만 부산을 전면에 내세운다는 점이 특징적이다. 2023년 제21회의 경우, "시모노세키 속 부산, 그린몰(下関の中の釜山「グリーンモール)", "그린몰은 매일이 '작은 부산'입니다(グリーンモールは毎日が「小さな釜山」です)"라는 문구를 앞세워 홍보를 진행하였으며, 추첨 이벤트 또한 부관페리를 이용한 부산 여행을 상품으로 걸고 진행했다.

'리틀 부산 페스타'는 제1회 2만 명이 참가한 이래 2007년에는 그 수가 4만 5천 명까지 늘어나면서 시모노세키시의 지역 축제로 정착한 상태이다.[11] 예를 들어, 시모노세키시 관광정책과(下関市観光政策課)에서 발행하는 온라인 시모노세키 관광 가이드북 「해협과의 만남의 여행(海峡出会い旅)」에서는 '리틀 부산 페스타'를 "시모노세키의 역사와 마음을 느낄 수 있는" 축제 중 하나로 소개한다.[12] 그리고 이와 같은 결과를 이끌어낸 것은 다양한 주체들 간의 협업이었다는 점에 주목할 필요가 있다. '리틀 부산 페스타 실행위원회(リトル釜山フェスタ実行委員会)'는 시모노세키 상공회의소와 그린몰 자치 번영회(グリーンモール自治繁栄会)로 구성되는데, 재일한인 상인의 경우 후자의 일원으로 축제에 참여하며, 시모노세키시에서는 보조금을 지원하였다. 즉, '리틀 부산 페스타'는 지자체

---

11    和田清美・魯ゼウォン, 『海峡都市・下関市の生活世界: 交流・連携, 在日コリアン, まちづくり』, 学文社, 2020, p.155.

12    「海峡出会い旅」, 下関観光ガイドブック Webpage(https://shimonoseki-kgb.jp/)

와 지역 사회(상공회의소 등), 그리고 재일한인의 협업에 의해 실현, 전개해 온 것이라고 할 수 있으며, 이는 다른 재일한인 집주 지역의 축제가 기본적으로 재일한인 내부의 자생적인 움직임, 구체적으로는 민족 운동의 일환에서 비롯되었다는 점과는 차이가 있다.

각 주체들의 움직임에 대해서 구체적으로 살펴보면 우선 지자체와 지역 사회, 그중에서도 시모노세키 상공회의소는 축제의 외연 확대와 지역 재생으로의 연계에 초점을 맞춰왔다. 2001년 제1회 '리틀 부산 페스타'를 추진하는 데 있어 시모노세키 상공회의소는 모객에 대한 불안감이 있어 이전부터 진행되어 온 '시모노세키 물고기 축제(下関さかな祭)'와 동시 개최하는 방법을 택했다. 이후에는 때에 따라 농업 협동 조합(農業共同組合)의 축제와 동시 개최하거나 시모노세키시 마치즈쿠리(まちづくり)[13] 조직의 이벤트를 포함하여 진행하는 등 외연을 확대해 왔다. 한편 재일한인의 경우, 기본적으로 축제의 콘텐츠를 제공하는 역할을 하고 있다고 볼 수 있는데, 민족 단체 및 산하 조직이 다양한 형태로 협찬을 지속함으로써 "전통 문화 자원을 통해 지역 사회에 참가할 수 있는" 기회,[14] 즉, 민족적 소수자로서 지역 사회와 긍정적인 관계를 만들어가는 계기로 '리틀 부산 페스타'를 인식한다.

---

13  직역하면 '마을 만들기'이다. 주민, 지자체의 다양한 주체들의 연계를 통해 지역을 활성화하고 주민의 생활의 질을 높이기 위해 하는 지속적인 일련의 활동을 말한다.

14  和田清美·魯ゼウォン, 前掲書, p.158.

'리틀 부산 페스타'는 '시모노세키 다움'을 추구하는 도심 재생 사업 과정에서 해역 교통망을 통한 부산과의 역사적, 현재적 교류의 양상과 의미를 전면에 내세우며 탄생한 실천적 결과물이라고 할 수 있다. 근현대 대한해협을 가로질렀던 해역 교통망은 재일한인의 이동성을 극대화하였고, 그 결과는 이 지역의 인구 및 상업 구성에도 영향을 미쳤다. 그리고 그러한 특수성이 지역 재생의 유용한 재료로 주목받으면서 전면에 내세워졌고, 지자체, 지역사회, 재일한인의 협업 속에서 '리틀 부산 페스타'는 혼종과 교류의 실천으로서 자리매김하게 된 것이다. 이와 같은 고찰은 오늘날 글로벌화가 진행되고 해역 도시의 재생이 사회적 과제로 부상하는 가운데, 해역 교통망의 역사적, 현재적 의미를 인문네트워크라는 차원에서 고민하는 시도라고 할 수 있으며, 향후 해역 도시 속 코리아타운, 나아가 에스닉타운의 국제 비교 연구 등 심화 분석으로 이어질 수 있을 것이다.

| 종장 |

# 해역인문학과 재일한인, 그리고 디아스포라

## 해역을 통해 보는 재일한인

내가 일본에 온 건 1934년 만으로 6살. 때때로 생각나는 것은 2층 창문에서 본 경치야. 항구에 떠 있는 배와 기적 소리. 태어난 건 경상남도 산골짜기니깐 이건 조선에서 일본으로 건너가기 전에 묵은 부산 숙소에서 본 경치지. 신기하게도 그 경치만은 잊을 수가 없어. [최일권, 1928년생][1]

내가 5살 정도였을 때 아버지로부터 할아버지에게 편지가 왔어. 일본에 있으면 괜찮다고 해서 어머니는 형과 나를 데리고 일본에 가기로 했어. 아버지는 오사카항(大阪港)에서 부두 노동자로 5년간 일한 후 그 근처 작은 와셔(washer) 공장에 자리를 잡고 있었지. 우리들은 여수에서 시모노세키(下關)로 향하는 배에 탔어. 선저에 있는 선실에는 사람이 가

---

　小熊英二·姜尚中編, 『在日一世の記憶』, 集英社, 2008, p.489.

득했고, 둥근 창이 있었다는 기억만 생생하네. 하루 꼬박 이십 몇 시간이 걸렸을 것이야. [박종명, 1928년생][2]

제사를 지내는데 시아버지가 '(도항) 증명서를 보낼 테니 오거라'라고 말해줬어. 매우 기뻤는데 남편 혼자 일본에 갔지. 나는 21세 때 일본에 갔고. 당시에는 기미가요마루(君が代丸)에 탈 때 일본인들이 검을 가지고 있었는데 무섭지 않았어. 그 배에 타고 오사카 축항 잔교에 도착했지. [박승자, 1922년생][3]

그리고 이 동네 사람들은 다 고향에 돌아갔어. 밀항선 타고. 돌아가는 길에 배가 뒤집히거나 표류하는 일이 있었는데, 그래도 다들 필사적으로 돌아갔어. [정수조, 1928년 생][4]

아버지 연줄로 부산 영도에서 통통배를 탈 수 있었어. 나 말고도 4, 5명 밀항자가 있었어. 그때는 한국도 일본도 같은 교복이었지. 나는 동래고등학교 3학년이었기 때문에 거기 교복을 입고 모자를 썼어. 일본에 도착하면 일본 사람처럼 보이게. 밤 11시 반쯤 출항했을 거야. 아침 일찍 이키섬(壱岐島)에 도착했는데, 보니깐 조선인 해녀들이 전복을 엄청 따고

---

2    上揭書, p.431.

3    上揭書, p.137.

4    上揭書, p.481.

있었어. [고태성, 1930년생]⁵

　위의 인용은 재일한인 1세 52명의 생애사를 인터뷰한 구술 자료를 엮은 책의 일부로, 이들이 걸어온 길 여기저기에는 '바다'가 흩뿌려져 있음을 알 수 있다. 이 책은 이렇게 재일한인의 근현대사에 흩뿌려져 있는 '바다'를 모아 그 의미를 찾아보고자 한 것이다. 그리고 특히 이와 같은 시각에서 재일한인의 어제와 오늘을 살펴보는 데 있어 '해역'이라는 개념이 시사하는 바가 큼을 제안하였다. 서장에서도 간단하게 설명하였듯이 '해역'에서는 바다와 관련된 인문 현상이 발생하고 이들 현상 사이의 교섭과 갈등 등을 찾아볼 수 있다.⁶ 즉, '해역'은 넓은 면으로서의 '바다'인 해양, 그리고 개별 점으로서의 '항구 도시'와 달리 '바다'와 육지를 어우르며 그곳을 가로지르는 다양한 차원, 내용의 인문네트워크의 존재를 특징으로 한다. 그렇기 때문에 재일한인과 같이 '바다'를 건너 살아가고 이어져 온 사람들을 고찰하는 작업에서 해역인문학적 접근은 유효하다.

　이 책에서 검토한 해역인문학적 시각에서의 재일한인의 발자취는 크게 3개의 키워드로 정리할 수 있다. 첫 번째는 '이동(성)(mobility)'으로 〈[제1부] 해역을 이동한 재일한인〉 속 세 편의 글은

---

5　　上揭書, pp.612-613.

6　　모모키 시로 편, 최연식 역, 『해역아시아사 연구 입문』, 민속원, 2021, pp.10-21.

기존의 재일한인 관련 연구에서 대부분 논의의 전제, 배경으로서만 언급되는 경향이 크던 도일(渡日)의 과정과 경험을 다시금 고찰하였다. 〈제1장 바닷길과 재일한인의 탄생〉에서는 일제강점기 해역 교통망을 재일한인 탄생의 필수 불가결한 물리적 기반으로 보고 주요 출발지, 구체적으로는 부산, 제주, 여수에 초점을 맞춰 이동 양상을 검토하였다. 검토의 결과 부관연락선(釜關連絡船)을 통한 부산에서의 출발이 압도적이었으나 제주와 여수에서도 지역 고유의 상황 속에서 일본과 이어지는 항로를 통한 기선 운항이 이뤄졌고 적지 않은 수의 한인들이 이동하였음을 알 수 있었다. 이어서 〈제2장 '경험'으로서의 부관연락선〉에서는 부관연락선을 '디아스포라 공간(diaspora space)'로 자리매김하고 재일한인에게 도항은 민족의 '경계'를 경험하는 행위였음을 밝혔다. 한편 〈제3장 또 하나의 이동, 밀항〉은 '비공식적인' 이동의 흐름인 밀항이 어떻게 진행되었는지를 일제강점기와 해방 공간 두 시기로 나누어 살펴본 글이다. 밀항은 개인의 일탈 행위가 아니라 사회 구조적 제약 속 바다를 무대로 하는 피식민자의 대안 행위였으며, 흥미롭게도 재일한인 커뮤니티와의 공생 속에 이뤄졌다.

다음 키워드는 '생활(life)'로 〈[제2부] 재일한인의 생활 세계, 해역〉에서는 해역에 주목함으로써 재일한인 로컬리티의 다양성을 확보하는 것을 목적으로 재일한인의 출발과 도착이 이뤄진 해역 도시, 구체적으로는 부산, 기타규슈(北九州), 시모노세키(下關)에서 이들의 일상이 영위된 모습을 살펴보았다. 〈제4장 부산의 산동네와 재일한인〉에서는 근현대에 걸친 역사를 지니는 부산의 산동네는 재일한인의 도일과 귀환을 전후로 한 삶의 특징을 반영한 공간적 결과물임을 밝혔다. 이는 일반적으로 부산 산동네의 시작을 한국전쟁 피난민의 유입에서 찾는 시각에서 벗어나 장기적이고 해역인문학적 시각에서 이해하고자 한 시도이다. 다음으로 〈제5장 노동의 공간, 부두〉에서는 재일한인의 일본 유입 초기에 체류가 두드러진 기타규슈 지역에서 이들이 부두 노동자(나카시(沖士))로서 어떻게 일하고 생활하였는지를 검토하였다. 부두 노동에는 인적, 사회적 자본(social capital)이 가장 취약한 재일한인이 종사하는 경우가 많았고, 그 실태는 일본인은 물론 다른 업종의 한인보다 열악하였다. 마지막으로 〈제6장 '똥굴 동네'에서 '리틀 부산'으로〉에서는 부관연락선의 기점 시모노세키에서 재일한인의 에스닉타운(ethnic town)이 걸어온 발자취의 고유한 특징을 분석하였다. 그 결과 시모노세키의 재일한인 에스닉타운은 근현대 부산-시모노세키 항로의 연속성과 단절성의 전개와 궤를 같이함을 알 수 있었다.

　마지막은 '네트워크(network)', 더 정확하게 표현하자면 인문네트워크이다. 〈[제3부] 해역인문네트워크와 재일한인〉은 모국과 정주국의 거시적 변동(냉전, 경제 개발, 글로벌리즘)과 영향을 주고받으며 구축되어 온 재일한인의 인문네트워크, 특히 해역을 가로지르며 전개한 사람, 물건, 문화의 네트워크를 분석한 것이다. 〈제7장 바다를 건넌 재일학도의용군〉에서는 재일한인 청년들의 한국전쟁 참전과 귀환/미귀환(잔류) 과정을 검토하였으며, 이를 통해 냉전에 의해 자의적으로 열리고, 닫힌 바닷길이 이들의 삶에 근본적인 영향을 미쳤음을 알 수 있었으며, 오늘날 재일학도의용군을 기억하는 방법에 대해서도 비판적으로 살펴보았다. 그리고 〈제8장 고향의 '개발'과 감귤 네트워크〉에서는 1960~70년대에 걸친 대한민국 경제 개발의 역사 속, 재일한인, 그 중에서도 재일제주인의 역할에 대해 재조명하였다. 고유의 출이민 역사를 지닌 재일제주인은 '육지'와의 비교 속, 고향의 '개발'을 위해 감귤 묘목을 배에 실어 제주도로 보냈으며, 결과적으로 제주도의 색깔은 오늘날 우리에게 익숙한 모습으로 바뀌게 된다. 〈제9장 코리아타운의 전개와 해역〉에서는 코리아타운은 결국 바닷길이 만들어냈음을 지적하고 일본 내 해역 도시 속 코리아타운에 대한 통시적 비교 분석을 진행했다. 글로벌리즘 속 일본의 코리아타운은 한류에 힘입어 더욱 외연을 넓혀 발전 중이며, 도시의 포용성을 내세울 수 있는 재료로서 가치를 지닌다.


## 디아스포라와 해역인문학

한편 이 책에서 시도한 재일한인에 해역을 더하는 작업은 디아스포라 연구 전반에도 영감과 과제를 던져줄 수 있을 것이다. 디아스포라(diaspora)는 본래 '씨를 뿌리다'라는 뜻의 고대 그리스어에서 유래한 말로 과거에는 민족 이산의 역사와 관련된 맥락에서 쓰이는 경우가 대부분이었다. 구체적으로는 유대인, 그리스인, 아르메니아인 등 특정 민족 집단이 세계의 여러 지역으로 흩어지는 과정과 그 결과 형성된 공동체를 가리키는 조금은 특수한 용어였다. 하지만 1990년대 이후 글로벌리즘의 진행과 더불어 "디아스포라는 '디아스포라'"하여, 보다 다양한 줄이민(出移民, emigrants)을 일컫는 말로 변하게 되었다.[7] 바꾸어 말하자면 오늘날 디아스포라는 과거 "망명자, 해외 동포, 민족적 소수자 등"으로 알려졌던 사람들을 포괄하며 확장된 의미로 사용되고 있는 것이다.[8] 따라서 특정 기원지, 집합 기억, 모국 회귀 등 과거 디아스포라 개념이 강하게 가지고 있었던 원형적 특징 또한 어떠한 집단이 디아스포라인지 아닌지 "가부"를 결정하는 것이 아니라 "정도"의 문제로 해석할 수 있다.[9]

그런데 이처럼 디아스포라라는 개념이 보다 넓은 의미로 빈번하게 사용되기 시작한 배경에는 초국가주의(transnationalism)의 등장과 확산이 큰 역할을 하였다. 초국가주의는 국민 국가의 경계를 넘나드는 다양한 현상을 새롭게 분석하기 위한 틀로 1990년대 후반 이후 본격적으로 논의되기 시작한 개념이다. 특히 과거 국제 이

---

7    Brubaker, Rogers, "The 'Diaspora' Diaspora," *Ethnic and Racial Studies* 28(1), 2005, pp.1-4.

8    Tőlőlyan, Khahig, "Rethinking Diaspora(s): Stateless Power in the Transnational Moment," *Diaspora* 5(1), 1996, p.3

9    윤인진, 『코리안 디아스포라: 재외한인의 이주, 적응, 정체성』, 고려대학교출판부, 2004, p.7.

민은 모국으로부터 뿌리 뽑혀(up-rooted) 수용국에 동화되는 일방향적인(one-sided) 이동을 했다면 오늘날에는 모국과 수용국을 동시에 살아가는 사회 영역, 관계, 행동을 보임에 주목한 것이다. 바꾸어 말하자면, 모국과 어떠한 형태로든 관계성을 유지하면서 수용국에 정착한 출이민의 삶을 설명하는 데 있어 민족 이산의 역사라는 고유의 맥락을 지니는 디아스포라 개념이 새롭게 발견되었다고 할 수 있는 것이다. 그리고 이는 궁극적으로 국민 국가로부터 해방된 존재로서 디아스포라를 자리매김함으로서 "방법론적 내셔널리즘(methodological nationalism)"[10]을 넘을 수 있는 가능성을 다양한 측면에서 모색하는 작업과도 궤를 같이한다.

그리고 바로 이 지점에서 디아스포라는 해역인문학과 만난다. 해역은 인간의 삶, 문화, 역사의 무대가 되는 바다, 그리고 그 바다의 역동성이 투영되는 육지를 어우르는 개념으로, 해역인문학은 그러한 해역에서 이뤄지는 인문 현상을 탐구하는 학문이라고 할 수 있다. 해역 세계의 가장 큰 특징은 그곳을 가로지르는 네트워크인데, 중요한 사실은 네트워크가 국가적(national) 차원만이 아니라 초국가적(trasnational), 지역적(local) 차원에서도 전개한다는 점이다. 그리고 해역을 가로지르는 초국가적, 지역적 차원의 네트워크는 국가적 차원의 네트워크가 지니는 한계, 나아가 국민 국가

---

10   Wimmer, Andreas, and Nina Glick Schiller, "Methodological Nationalism, the Social Sciences, and the Study of Migration: An Essay in Historical Epistemology", *International Migration Review* 37(3), 2003, p.576.

단위의 사고와 행위가 야기하는 갈등과 대립을 새로운 시각과 방법에서 바라볼 수 있게 한다. 즉, 근대 이후 우리의 사고와 행동을 자연스럽게 모양 지어온 국민 국가라는 존재에 대한 여러 종류의 의문 제기가 디아스포라와 해역인문학의 접점이라고 할 수 있을 것이다.

이 책에서 살펴본 재일한인의 발자취를 정리하자면 그것은 근현대에 걸친 제국의 탄생과 붕괴, 냉전 및 개발주의의 진행, 글로벌리즘의 확산 속 다양한 논리에 의해 재편되어 온 (국민) 국가의 경계를 넘나드는 것이었고, 이러한 경계를 둘러싼 역동성은 해역에서의 이동, 생활, 네트워크를 통해 발현되었다고 할 수 있겠다. 인류의 역사를 돌이켜 보면 해역에서는 오랫동안 이주민의 이동과 정착, 그로 인한 문화 교섭이 활발하게 진행되었고, 따라서 해역은 필연적으로 소수자성과 혼종성을 지닌다. 그리고 개인에게 매우 폭력적인 결과를 초래하기도 하는 경계의 재편 과정이 이러한 소수자성과 혼종성으로 말미암아 때에 따라서는 해역을 통해 회피, 조정, 극복되기도 했다. 물론 해역에서 도리어 경계의 폭력성이 극대화되어 나타나는 국면도 있으나, 재일한인의 사례에서도 알 수 있듯이 더 많은 경우 해역은 이들이 더 나은 삶을 위해 이동하고 살아가고 이어진 공간이었다. 오늘날 디아스포라는 "개인과 사회, 로컬과 글로벌, 세계적인 것과 개별적인 것의 간극을

메꿔주는" 존재로서 가능성을 지닌다.[11] 그리고 해역은 이러한 디아스포라의 사회적 역할이 발현, 수행되는 곳으로서 그것이 지니는 소수자성과 혼종성의 가치에 대한 더 많은 지역과 대상을 통한 탐구가 필요할 것이다.

11    로빈 코헨, 유영민 역, 『글로벌 디아스포라: 경계를 넘나드는 사람들의 역사와 문화』, 민속원, 2017, p.269.

# 후기

이 책은 2018년부터 국립부경대학교 인문한국플러스(HK+)사업단(인문사회과학연구소·해양인문학연구소, 이하 PKNU HK+사업단)의 연구진으로 합류한 후 꾸준히 진행해 온 재일한인(在日韓人)에 관한 연구를 모아 정리한 것이다. 우선 각 장의 근거가 된 원고의 출처를 밝히면 다음과 같다. 일부 발간이 완료된 학술 논문과 학술대회 발표 원고를 포함하나, 이들 모두 대폭 수정, 가필이 이뤄졌다.

서장
• 이 책을 위해 새롭게 집필하였다.

제1장
• 이 책을 위해 새롭게 집필하였다.

제2장
• 「근대 동북아해역의 이주 현상에 대한 미시적 접근: 부관연락선을 중심으로」, 『인문사회과학연구』 21(2), 2020, pp.41-64.

제3장

• 이 책을 위해 새롭게 집필하였다.

제4장

•「부산의 산동네와 해역 이주: 근현대의 연속성에 주목하여」,『인문사회과학연구』22(3), 2021, pp.1-25.

제5장

•「근대 시기 재일한인의 부두노동에 관한 연구: 기타규슈항을 중심으로」,『日本學研究』60, 2020, pp.71-92.

제6장

• 제7회 동북아해역과 인문네트워크 국제학술대회(2024.05.30.)의 발표 원고(「해역 교통망과 재일한인의 로컬리티」)

제7장

• 동북아시아문화학회 2023년 춘계 연합 국제학술대회(2023.07.29.)의 발표 원고(「ディアスポラの視点からみる在日学徒義勇軍の移動と残留」)

제8장

• 동북아시아문화학회 2022년 추계 연합 국제학술대회(2022.11.26.)의 발표 원고(「1960-70年代韓国・済州道における開発とディアスポラ: 柑橘産業を中心に」)

제9장
• 국립부경대학교 인문한국플러스사업단 제3회 국외포럼(2023.11.24.) 발표 원고(「일본 내 코리아타운의 형성과 전개」)

종장
• 이 책을 위해 새롭게 집필하였다.

PKNU HK+사업단은 2017년부터 '동북아해역과 인문네트워크의 역동성 연구'라는 아젠다를 수행 중이다. 아주 거칠게 설명하자면 이 아젠다는 자연과학적 정의에서 벗어나 해역(海域)을 인간의 삶과의 관계 속에서 이해하고 궁극적으로 해역인문학을 정립하고자 하는 연구이다. 해역을 인문학적 (및 사회과학적) 시선에서 바라보았을 때 가장 중요한 특징은 이 책의 주요 키워드 중 하나이기도 한 네트워크(성)이다. 그리고 디아스포라(diaspora)는 그러한 해역을 가로지르는 네트워크의 살아 있는 주체로서 많은 생각거리를 던져주며, 그중에서도 근현대 동북아해역으로 시공간을 좁혔을 때 재일한인은 그 누구보다 역동적인 역사를 남겨온 존재이다. 이 책은 디아스포라를 중심으로 해역 민간 교류의 양상을 보다 입체적으로 탐구하고자 한 작업의 일환이며, 특히 재일한인에 초점을 맞춘 것이다.

실은 오랫동안 재일한인은 감히 연구의 대상으로 삼기 어려운 존재였다. 개인적으로 유소년 시절 재일한인 친구들과 함께 민족학교에서 배우고 생활한 경험이 있어 객관적, 분석적 시각을 갖기 힘들 것 같다는 걱정이 있었고, 무엇보다 국내외에서 깊이 있고 훌륭한 연구들이 워낙 많이 이뤄져 왔기 때문에 어떠한 새로운 문제 제기와 분석이 가능할지에 대하여 자신이 없었다. 그래서 일본을 중심으로 국제 이주, 디아스포라 연구를 전공으로 하면서도 일부러 피해온 부분이 없지 않아 있었다. 그러나 해역인문학과의 만남 이후, 어쩌면 해역을 통해서라면 재일한인의 어제와 오늘을 다시금 살펴볼 수 있지 않을까, 그리고 미력하지만 연구자로서 기여할 수 있는 바가 있지 않을까라는 이상한(!) 용기를 갖게 되었다. 이 책은 그러한 용기에서 비롯된 고민의 결과물로서 지금까지 그냥 지나쳐온 재일한인의 발자취 속 '바다', 나아가 해역의 흔적을 최대한 전면에 내세워 의식하고 그 의미를 그려내고자 하였다.

재일한인은 바다를 건너 살아갔고 이어져 온 존재들이다. 해역은 여러 가지 의미에서 이들의 삶에 영향을 미친 이동의 기반으로서 기능하였고, 생활의 터전이 되었으며, 가족, 고향, 모국과의 네트워크 유지를 가능토록 하였다. 이는 바다와 육지가 만나고 끝없는 사람과 문물의 교섭이 이뤄져 온 해역의 소수자성과 혼종성을 배경으로 한 것이었으며, 재일한인으로 하여금 해역의 이와 같은 특성은 그 정도와 의미가 강해졌다. 해역에 존재하는 중층적인 네트워크와 그 사이사이의 '틈'은 재일한인이라는 디아스포라가 국민, 민족, 친족, 시민 등 다양한 경계를 가로질러 살아갈 수 있도록 해줌과 동시에 그러한 삶의 이어짐을 통해 고유의 힘을 갖게 된 것이다. 그리고 이 책에서 자주 등장한 부산, 제주, 시모노세키(下關), 오사카(大阪) 등 재일한인의 근현대사에 있어 중요했던 지역의 지리 역사적 특징, 사회 문화적 실천은 이러한 해역의 역동성을 단적으로 보여준다.

후기를 쓰는 이 시점에서 다시금 서론부터 결론까지 읽어보니, 부족한 점이 계속 눈에 띈다. 특히 사회학 전공자로서 사료와 문학 텍스트의 인용 및 활용에 아쉬운 부분이 많다. 부족하고 아쉬운 부분이 많다는 것은 앞으로 할 일이 많다는 의미일 것이므로 향후 연구 활동의 거름으로 쓰고자 다짐한다. 이 책은 PKNU HK+사업단에서 안정적인 연구 환경을 보장받고 다양한 전공 분야의 연구진들로부터 자극을 얻었기에 쓰고 엮을 수 있었다. 깊은 감사의 말씀을 드리고 싶다. 아울러 촉박한 출판 일정에도 불구하고 꼼꼼하게 편집에 임해주신 해피북미디어의 편집진께도 감사드린다. 마지막으로 아내, 엄마, 딸로서 모두 다 조금씩 부족한 모습이지만 그 모습 그대로 언제나 묵묵히 응원해주는 가족에게 고마움을 전한다.

바다 내음이 나는 연구실에서
최민경

# 참고 문헌

## 1. 자료

강노향, 『駐日代表部』, 동아PR연구소출판부, 1966.

김석범, 김환기·김학동 역, 『화산도 2』, 보고사, 2015.

김석범, 김환기·김학동 역, 『화산도 3』, 보고사, 2015.

김석범, 김환기·김학동 역, 『화산도 6』, 보고사, 2015.

이민진, 이미정 역, 『파친코 1』, 문학사상, 2018.

일제강점하 강제동원피해 진상규명위원회, 『똑딱선 타고 오다가 바다 귀신
될 뻔 했네』, 국무총리실 소속 일제강점하 강제동원피해 진상규명위원회,
2006.

일제강점하 강제동원피해 진상규명위원회, 『아홉머리 넘어 북해도로: 홋카이
도 강제 동원 피해 구술자료집』, 국무총리실 소속 일제강점하 강제동원피
해 진상규명위원회, 2009.

재외제주도민회협의회 외 편, 『새천년, 새제주: 백만 제주인의 힘과 대응전
략』, 오름, 2001.

재일동포모국공적조사위원회, 『모국을 향한 재일동포의 100년 족적』, 재외동
포재단, 2008.

재일학도의용군동지회, 『재일동포 6·25전쟁 참전사』, 재일학도의용군동지
회, 2002.

제주발전연구원,『감귤산업에 기여한 재일동포들』, 제주발전연구원, 2007.

제주특별자치도,『愛鄕의 보람』, 제주특별자치도, 2007.

조선우선주식회사, 하지영·최민경 역,『조선우선주식회사 25년사』, 소명출판, 2023.

화성시,『일제강점기 강제 동원 구술자료집Ⅲ』, 화성시, 2017.

金贊汀,『在日義勇兵帰還せず』, 岩波書店, 2007.

筑豊石炭鑛業組合,『筑豊石炭鑛業要覧』, 筑豊石炭鑛業組合事務所, 1931.

鉄道総局業務局長,「関釜並ニ博釜航路経由旅客輸送ノ件」,『内鮮関係通牒書類編冊』(アジア歴史資料センター所蔵), 1945.

東京職業研究所,『現代生活職業の研究: 一名·最新職業案内2版』, 東京職業研究所, 1923.

東京府学務部社会課,『在京朝鮮人労働の現状』, 東京府, 1929.

福岡地方職業紹介事務局,『管内仲仕労働事情、出稼ぎ女工に関する調査』, 福岡地方職業紹介事務局, 1927.

福岡地方職業紹介事務局,『管内在住朝鮮人労働事情』, 福岡地方職業紹介事務局, 1929.

日本国有鉄道広島鉄道管理局,『関釜連絡船史』, 日本国有鉄道広島鉄道管理局, 1979.

山口県下関市,『下関市中心市街地活性化基本計画』, 山口県下関市, 2009.

山口大学経済研究所調査室,『関門経済史第2輯』, 門司市, 1954.

GHQ/SCAP, "〈SCAPIN1015〉Suppression of Illegal Entry into Japan(1946/06/12)"(国会図書館デジタルコレクション日本占領関係資料).

## 2. 연구 문헌

강경희,「일제강점기 일본어 신문을 통해 본 제주해녀들의 활동과 삶에 대한 연구」,『탐라문화』74, 2023.

고광명,「재일제주인의 삶과 사회적 네트워크」,『일본근대학연구』22, 2008.

고광명,「재일제주인의 제주도에의 기증과 투자활동」,『일본근대학연구』27, 2010.

고광명,「재일제주인 기업가 東泉 金坪珍 연구」,『일본근대학연구』30, 2010.

고광명,「재일제주인의 산업경제에 대한 공헌」,『일본근대학연구』50, 2015.

고광명,「재일제주인의 제주도 마을 발전에 대한 고찰」,『일본문화연구』66, 2018.

권성우,「김석범 대하소설『화산도』에 나타난 장소와 공간의 의미: 밀항, 이카이노, 경성(서울)에 대한 묘사를 중심으로」,『현대소설연구』78. 2020.

권숙인,「일본에 돈 벌러 간 이야기: 1910~20년대 일본 방직산업의 조선여공」,『한국문화인류학』52(2), 2019.

김광열,「관동대지진 이후 일본의 제도(帝都)부흥사업과 한인 노동자: 건축자재 자갈의 공급을 중심으로」,『한일민족문제학회』31, 2015.

김귀옥,「분단과 전쟁의 디아스포라: 재일조선인 문제를 중심으로」,『역사비평』91, 2010.

김대래,「移住와 支配: 개항이후 부산거주 일본인에 관한 연구(1876-1910)」,『경제연구』27(1), 2009.

김대래 외,「일제강점기 부산지역 인구통계의 정비와 분석」,『한국민족문화』26, 2005.

김승,「일제시기 조선인의 밀항 실태와 밀항선 도착지」,『역사와 경계』124, 2022.

김승,「일제시기 밀항브로커의 활동과 밀항 과정에서 문제점」,『해항도시문화교섭학』28, 2023.

김은영,「1920년대 전반기 조선인 노동자의 구직 渡日과 부산시민대회」,『歷史教育』136, 2015.

김정란, 「경계, 침입 그리고 배제: 1946년 콜레라 유행과 조선인 밀항자」, 『해항도시문화교섭학』 25, 2021.

김종헌, 「20세기 초 철도부설에 따른 우리나라 도시 구조의 변화에 관한 연구」, 『한국철도학회논문집』 9(4), 2006.

김진선, 「재일제주인의 이주와 밀항의 난민 양상: 1910~1960년대를 중심으로」, 『현대사회와 다문화』 13(3), 2023.

김환기, 「김석범 · [화산도] · 〈제주4 · 3〉: [화산도]의 역사적/문학사적 의미」, 『日本學』 41, 2015.

김희철 · 진관훈, 「재일 제주인의 경제생활과 제주사회기증에 관한 연구」, 『法과 政策』 13(1), 2007.

나애자, 『韓國近代海運業史硏究』, 국학자료원, 1998.

노우정, 「일제강점기 제주인의 이주노동과 제주사회의 변동: 제주와 오사카 간 해상항로의 영향을 중심으로」, 『탐라문화』 71, 2022.

도노무라 마사루, 신유원 · 김인덕 역, 『재일조선인 사회의 역사학적 연구』, 논형, 2010.

로빈 코헨, 유영민 역, 『글로벌 디아스포라: 경계를 넘나드는 사람들의 역사와 문화』, 민속원, 2017.

모모키 시로 편, 최연식 역, 『해역아시아사 연구 입문』, 민속원, 2021.

문경수 · 고성만, 「1948 일본행 엑소더스: 연합국 최고사령부 보고서를 통해 본 제주 사람들의 밀항」, 『일본학』 58, 2022.

문정창, 「日帝時代의 都市形成과 그 特徵」, 『도시문제』 2(8), 1967.

박미아, 『재일조선인과 암시장: 전후(戰後) 공간의 생존서사』, 선인, 2021.

박수경, 「식민도시 부산의 이동성 고찰: 부산항을 중심으로」, 『일어일문학』 55, 2012.

배미애, 「부산시 거주공간분화의 시대사적 함의」, 『한국지역지리학회지』 13(5), 2007.

부산발전연구원 부산학연구센터,『부산의 산동네: 부산을 읽는 상징적 텍스트』, 부산발전연구원 부산학연구센터, 2008.

서광덕,「해역네트워크의 관점에서 다시 보는 부산항: 부산 연구를 위한 이론적 시탐(試探)」,『인문사회과학연구』21(4), 2020.

신주백,「한인의 만주 이주 양상과 동북아시아: '농업 이민'의 성격 전환을 중심으로」,『역사학보』213, 2012.

신지원,「국제이주와 발전의 연계 담론에서 '디아스포라'의 역할에 대한 비판적 검토」,『디아스포라연구』9(2), 2015.

신지원,「다문화 도시의 다양성 관리와 '디아스포라 공간': 영국 레스터 사례를 중심으로」,『디아스포라연구』11(1), 2017.

심창섭 · 강형철,「관광자원으로서 에스닉타운에 관한 개념적 고찰」,『관광연구논총』29(1), 2017.

안미정,「식민지시대 한 · 일해역의 자원과 해녀의 이동」,『한국민족문화』58, 2016.

양미숙,「1920 · 30년대 부산부의 도시빈민층 실태와 그 문제」,『지역과 역사』19, 2006.

윤인진,『코리안 디아스포라: 재외한인의 이주, 적응, 정체성』, 고려대학교출판부, 2004.

이상철,「제주도의 개발과 사회문화 변동」,『탐라문화』17, 1997.

이호상,「에스닉 커뮤니티 성장에 따른 지역사회의 변화: 도쿄 신오쿠보를 사례로」,『한국도시지리학회지』14(2), 2011.

임영언 · 박갑룡,「재일청년학도의용군 6 · 25전쟁 참전과정 분석과 보훈선양방안 연구」,『한국보훈논총』14(1), 2015.

전기호,『일제시대 재일한국인 노동자계급의 상태와 투쟁』, 지식산업사, 2003.

정진성 · 김백영 · 정호석,『'모국공헌'의 시대: 재일상공인과 한국 경제』, 한울아카데미, 2020.

정호석, 「재일학도의용군은 어떻게 기억되는가: 최근 제작된 한국의 텔레비전 다큐멘터리 속 표상과 서사를 중심으로」, 『일본학』 55, 2021.

조경희, 「불안전한 영토, '밀항'하는 일상: 해방 이후 70년대까지 제주인들의 일본 밀항」, 『사회와 역사』, 2015.

지충남, 「재일한인 뉴커머 타운의 형성과 발전, 그리고 변용: 신오쿠보 코리아타운을 중심으로」, 『민족연구』 69, 2017.

최민경, 「'디아스포라 공간' 개념의 재고찰과 부산: 이동의 시작에 주목하여」, 『인문사회과학연구』 19(4), 2018.

최민경, 「재일한인 연구의 동향과 과제: 해역연구의 관점에서」, 『인문과학연구논총』 40(2), 2019.

최민경, 「냉전의 바다를 건넌다는 것: 한인 '밀항자' 석방 탄원서에 주목하여」, 『인문과학연구논총』 42(4), 2021.

최민경, 「해역도시는 이민을 어떻게 '기억'하는가: 일본 요코하마를 중심으로」, 『인문학연구』 134, 2024.

최영호, 「해방직후 부산경남지역의 귀환자 원호체계와 원호활동」, 『한국민족운동사연구』 36, 2003.

최영호, 「日本의 敗戰과 釜關連絡船: 釜關航路의 歸還者들」, 『韓日民族問題研究』 11, 2006.

최재성, 「1930년대 여수지역의 공업화와 그 前後의 변화」, 『대동문화연구』 67, 2009.

카와시마 켄, 「상품화, 불확정성, 그리고 중간착취: 전간기 일본의 막노동시장에서의 조선인 노동자들의 투쟁」, 『아세아연구』 51(3), 2008.

하네다 마사시, 조영헌·정순일 역, 『바다에서 본 역사: 개방, 경합, 공생-동아시아 700년의 문명 교류사』, 민음사, 2018.

허영란, 「일제시기 여수의 도시화 과정과 지역사회의 대응」, 『대동문화연구』

67, 2009.

홍연진, 「부관연락선의 시말과 부산부 일본인 인구변동」, 『한일민족문제연구』11, 한일민족문제학회, 2006.

家島彦一, 『海域から見た歴史』, 名古屋大学出版会, 2006.

井出弘毅, 「ポッタリチャンサ: 日韓境域を生きる越境行商人」, 『白山人類学』12, 2009.

稲吉晃, 『海港の政治史: 明治から戦後へ』, 名古屋大学出版会, 2014.

小熊英二 · 姜尚中編, 『在日一世の記憶』, 集英社, 2008.

大島藤太郎, 「港湾労働の成立と発展: 門司港の場合」, 『経商論纂』47, 1952.

小野俊彦, 「門司港の朝鮮人港湾労務者: 主体になり損ね、暴力を記憶する」, 『立命館言語文化研究』19(2), 2007.

喜多村昌次郎, 『日本の港湾労働: 港湾労働の社会史』, 財団法人港湾労働経済研究所, 1990.

木庭俊彦, 「戦間期の筑豊石炭産業における港湾荷役: 石炭積込の機械化と港湾荷役業界の再編」, 『経営史学』46(4), 2012.

金賛汀, 『在日コリアン百年史』, 三五館, 1997.

金太基, 『戦後日本政治と在日朝鮮人問題』, 勁草書房, 1997.

島村恭則, 『民俗学を生きる: ヴァナキュラー研究への道』, 晃洋書房, 2020.

鈴木久美, 『在日朝鮮人の 帰国 政策―1945〜1946年』, 緑陰書房, 2017.

高野昭雄, 「洛北松ヶ崎地区の近代と朝鮮人労働者」, 『人文学報』105, 2014.

河明生, 『韓人日本移民社会経済史: 戦前編』, 明石書店, 1997.

朴沙羅, 『外国人をつくりだす: 戦後日本における「密航」と入国管理制度の運用』, ナカニシヤ出版, 2017.

不破勝敏夫, 「関門地方の港湾労働事情」, 山口大学経済学部, 『創立五十周年記念論文集〔第1〕地方経済編関門経済の研究』, 山口大学経済学部, 1955.

藤永壮, 「植民地期 · 在日朝鮮人紡績女工の労働と生活: 大阪在住の済州島出

身者を中心に」,『女性史学 : 年報』22, 2012.

不破和彦,「港湾労働者の同盟罷業と『組』制度: 明治期・門司港の石炭仲仕の
　事例」,『東北大学教育学部研究年報』23, 1975.

根川幸男,『移民船から世界をみる: 航路体験をめぐる日本近代史』, 法政大学
　出版局, 2023.

安田昌史,「西陣織産業における在日朝鮮人: 労働と民族的アイデンティティ
　を中心に」,『同志社グローバル・スタディーズ』6, 2016.

和田清美・魯ゼウォン,『海峡都市・下関市の生活世界: 交流・連携, 在日コリ
　アン, まちづくり』, 学文社, 2020.

Alexander, Claire, "Beyond the 'The "Diaspora" Diaspora': A Response to Rogers
　Brubaker", *Ethnic and Racial Studies* 40(9), 2017.

Brah, Avtar, *Cartographies of Diaspora*, Routledge, 1996.

Brubaker, Rogers, "The 'Diaspora' Diaspora," *Ethnic and Racial Studies* 28(1),
　2005.

Tölölyan, Khahig, "Rethinking Diaspora(s): Stateless Power in the Transnational
　Moment," *Diaspora* 5(1), 1996.

Wimmer, Andreas, and Nina Glick Schiller, "Methodological Nationalism,
　the Social Sciences, and the Study of Migration: An Essay in Historical
　Epistemology", *International Migration Review* 37(3), 2003.

## 3. 기타(신문, 인터넷)

「極貧者住宅을 大量建築」,『경향신문』, 1947/11/06.

「집에도 못가고 살길도 없어: 滯韓中인 在日僑胞學生義勇隊」,『경향신문』,
　1956/08/29.

「아픈 역사도 문화유산 〈상〉 아직 우리 곁에 있다」,『국제신문』, 2016/05/19.

「諷刺漫話(二) 본대로 들은대로: 關釜連絡船」, 『동아일보』, 1928/09/02.

「商業에 失敗코 六十老人 自殺」, 『동아일보』, 1933/08/04.

「七千餘名이 집중된 어린(魚鱗) 같은 山上住家: 찬란한 문화도 그네들에는
　　무관」, 『동아일보』, 1934/03/31.

「貧民村 衛生 施設과 流離 勞動者의 구제」, 『동아일보』, 1936/03/25.

「百萬渡航同胞 生活報告 （一） 渡航이 生活의 前哨戰」, 『동아일보』,
　　1939/07/05.

「蔓延되는 虎疫, 하로 百名식 增加」, 『동아일보』, 1946/06/16.

「釜山府內의 要救護者15萬」, 『민주중보』, 1947/12/24.

「刻一刻 雪風은 襲來 露宿歸同의 飢死는 不免 厚生協會 釜支서 絶叫!」, 『부
　　산일보』, 1946/11/12.

「政府: 四大事業目標로 全力 傾注」, 『부산일보』, 1948/01/01.

「戰災民 갈곳 없다 大新洞 住宅問題 善處하라」, 『부산일보』, 1948/12/23.

「住宅難 緩和에 曙光: 廣大한 敵産家屋을 開放」, 『부산일보』, 1949/03/31.

「그 後의 歸同 （下） 失業者 六割이 歸還同胞 다시금 차자가는 怨讐의 땅」,
　　『부산일보』, 1949/11/22.

「釜山에서 號泣하는 勞働同胞의 慘狀」, 『조선일보』, 1924/05/17.

「渡日勞動者 欺瞞詐取犯 檢擧五千餘件」, 『조선일보』, 1928/09/22.

「困憊, 飢餓, 癘疫, 犯罪로 混亂의 坩堝된 부산」, 『조선일보』, 1946/02/11.

「戰災民과 失業者 數千名 移住 開墾」, 『조선일보』, 1947/06/11.

「玄海灘의 새架橋 釜關페리 오늘 첫就航」, 『조선일보』, 1970/06/16.

「玄海灘은 警戒한다」, 『조선일보』, 1970/06/16.

「百萬名 突破 記念式: 釜山埠頭 歸還同胞收容所서 盛大」, 『중앙신문』,
　　1946/01/14.

「コリアンタウンの新大久保がニューヨーク化している理由」, 『週刊ダイヤモ
　　ンド』, 2020/03/27.

「無線電信初信」,『釜山日報』, 1915/08/30.

「鮮人労働者募集成績」,『釜山日報』, 1917/07/07.

「関釜連絡の三船にラヂオ」,『釜山日報』, 1927/04/19.

「関釜連絡船は労働軍で満員」,『釜山日報』, 1929/02/21.

「運合系の運送会社麗水に近く創立」,『釜山日報』, 1930/11/30.

「連絡船から老人投身」,『釜山日報』, 1933/07/09.

「密航料せしめ更に船中で強盗、応ぜねば海中に蹴落す惨虐な悪ブローカー
　　捕へらる」,『釜山日報』, 1934/01/25.

「海のホテルにしいバラス　女王様の悩み」,『釜山日報』, 1936/12/18.

「関麗連絡船の日発航路実現へ」,『釜山日報』, 1939/09/23.

"States With the Most Americans of Irish Descent", U.S.News & World Report,
　　2024/03/15.

재일학도의용군 나라사랑기념관 Webpage(http://www.koreansvjmemo.or.kr/
　　history/kwar).

グリーンモール商店街 Webpage(https://greenmall.jp/).

在日本関東済州道民協会(在日本済州開発協会) Webpage(https://jejudomin.org/
　　about/point/).

在日本大韓民国民団 Webpage(https://www.mindan.org/syakai.php).

下関観光ガイドブック Webpage(https://shimonoseki-kgb.jp/).

# 찾아보기